Direito
econômico
regulatório | volume 1

Central de Qualidade — FGV Management
ouvidoria@fgv.br

SÉRIE DIREITO EMPRESARIAL

Direito econômico regulatório | volume 1

ISBN — 978-85-225-0671-2

Copyright © Escola de Direito do Rio de Janeiro da Fundação Getulio Vargas

Direitos desta edição reservados à
EDITORA FGV
Rua Jornalista Orlando Dantas, 37
22231-010 — Rio de Janeiro, RJ — Brasil
Tels.: 0800-21-7777 — 21-2559-4427
Fax: 21-2559-4430
e-mail: editora@fgv.br — pedidoseditora@fgv.br
web site: www.fgv.br/editora

Impresso no Brasil / *Printed in Brazil*

Todos os direitos reservados. A reprodução não autorizada desta publicação, no todo ou em parte, constitui violação do copyright (Lei nº 9.610/98).

Os conceitos emitidos neste livro são de inteira responsabilidade dos autores.

1ª edição — 2008

Revisão de originais: Luiz Alberto Monjardim

Editoração eletrônica: FA Editoração Eletrônica

Revisão: Aleidis de Beltran e Fatima Caroni

Capa: aspecto:design

**Ficha catalográfica elaborada pela
Biblioteca Mario Henrique Simonsen/FGV**

Direito econômico regulatório, v.1/ Organização Direito Rio. — Rio de Janeiro : Editora FGV, 2008.
164p. — (Direito empresarial)

Publicações FGV Management.
Inclui bibliografia.

1. Direito econômico. 2. Concorrência. 3. Direito administrativo. 4. Agências reguladoras de atividades privadas. I. Escola de Direito do Rio de Janeiro da Fundação Getulio Vargas. II. Fundação Getulio Vargas. III. FGV Management. IV. Série.

CDD — 341.378

Nossa missão é construir uma escola de referência nacional em carreiras públicas e direito empresarial, formando lideranças capazes de pensar o Brasil a longo prazo e servindo de modelo para o ensino e a pesquisa no campo jurídico, de modo a contribuir para o desenvolvimento do país.

FGV Direito Rio

Sumário

Apresentação   11

Introdução   13

1 | O sistema brasileiro de defesa da concorrência   15
   Casos geradores   15
      Caso 1   15
      Caso 2   17
   Roteiro de estudo   18
      As duas vertentes da análise antitruste: atos de concentração e condutas anticoncorrenciais   18
      Estrutura do SBDC   20
      Sujeito passivo do ilícito antitruste   29
      Responsabilidade por infração das normas de proteção e defesa da concorrência   29
      Processo administrativo para apuração de infração antitruste   30
      Os atos de concentração   33

Interação da autoridade reguladora e entidades do SBDC   35

Questões de automonitoramento   46

2 | Atos de concentração econômica: aspectos formais e metodologia de análise   49

Caso gerador   49

Roteiro de estudo   52

    Por que controlar estruturalmente os mercados   52

    Atos de concentração e poder de mercado   53

    Os atos de concentração de empresas: definição, classificação e critérios de submissão   56

    Taxa processual   59

    O momento da notificação   59

    Análise de atos de concentração horizontal   62

    Integração vertical   75

    Concentrações conglomeradas   78

    Critérios para aprovação de atos de concentração   79

    O compromisso de desempenho   81

    Da possibilidade de imposição de medida cautelar e da celebração de acordo de preservação de reversibilidade da operação (Apro)   82

    Questões de automonitoramento   83

3 | Atos de concentração econômica: o caso Nestlé/Garoto   85

Caso gerador   85

Roteiro de estudo   86

Introdução   86

A opinião da Seae   87

A opinião da SDE   90

A decisão do Cade   93

Questões de automonitoramento   114

4 | **Acordos entre concorrentes**   117

Caso gerador   117

Roteiro de estudo   122

Livre concorrência, posição dominante e acordos entre concorrentes   122

Ilícitos anticoncorrenciais e acordos entre concorrentes   125

Acordos entre concorrentes: regra *per se* e regra da razão   128

Os cartéis   133

Paralelismo de condutas e ilícito anticoncorrencial   136

Os boicotes   139

Entidades associativas como mecanismo facilitador da colusão   139

Acordos permitidos   142

Critérios de análise de práticas restritivas (horizontais e verticais)   144

Da possibilidade de imposição de medida preventiva   145

O compromisso de cessação de prática   146

Sanções por infrações da Lei nº 8.884/94   149

Questões de automonitoramento   150

Conclusão   153

Referências bibliográficas   155

Colaboradores   161

Apresentação

Aliada à credibilidade conquistada em mais de meio século de excelência no ensino de economia, administração e outras disciplinas ligadas à atuação pública e privada, a Escola de Direito do Rio de Janeiro da Fundação Getulio Vargas — FGV Direito Rio — iniciou suas atividades em julho de 2002. A criação dessa nova escola é uma estratégia da FGV para oferecer ao país um novo modelo de ensino jurídico capaz de formar lideranças de destaque na advocacia e nas carreiras públicas.

A FGV Direito Rio desenvolveu um cuidadoso plano pedagógico para seu Programa de Educação Continuada, contemplando cursos de pós-graduação e de extensão. O programa surge como valorosa resposta à crise do ensino jurídico observada no Brasil nas últimas décadas e que se expressa pela incompatibilidade entre as práticas tradicionais de ensino do direito e as demandas de uma sociedade desenvolvida.

Em seu plano, a FGV Direito Rio assume o compromisso de formar profissionais preparados para atender às reais necessidades e expectativas da sociedade brasileira em tempos de globalização. Seus cursos reforçam o empenho da escola em inserir no mercado profissionais de direito capazes de lidar com áreas interdisciplinares, dotados de uma visão ampla das questões jurídicas e com sólidas bases acadêmica e prática.

A Série Direito Empresarial é um importante instrumento para difusão das modernas teses e questões abordadas em sala de aula nos cursos de MBA e de pós-graduação em direito empresarial desenvolvidos pela FGV Direito Rio.

Dessa forma, esperamos oferecer a estudantes e advogados atuantes na área empresarial um material de estudo que seja realmente útil em seu cotidiano profissional.

Introdução

O estudo do direito econômico regulatório nesta Série Direito Empresarial tem como objetivo analisar as importantes questões atuais relativas à interação constante entre direito e economia, principalmente no que se refere à defesa da concorrência.

Neste primeiro volume, oferecemos uma visão prática e estratégica do Sistema Brasileiro de Defesa da Concorrência, com especial destaque para as funções e atuação do Conselho de Administração e Defesa Econômica (Cade).

Tratamos também, mais especificamente nos capítulos 2 e 3, das conseqüências advindas dos atos de concentração econômica. Discutimos seus aspectos formais e metodológicos para, então, abordarmos os fundamentos jurídicos e as teses presentes em casos notórios, como, por exemplo, a fusão Nestlé-Garoto.

No quarto capítulo, destacamos questões relativas aos acordos entre concorrentes, a saber: os acordos permitidos entre empresas, as ilicitudes concorrenciais, as formas de prevenção contra ilegalidades e as sanções aplicáveis em caso de descumprimento normativo.

Em conformidade com a metodologia da FGV Direito Rio, cada capítulo inclui o estudo de *leading cases* para auxiliar na compreensão dos temas. Esperamos, assim, fornecer o instrumental técnico-jurídico e econômico para os profissionais com atuação ou interesse na área.

1

O sistema brasileiro de defesa da concorrência

Casos geradores

Caso 1

O grupo econômico internacional XYZ assinou com um estado da federação brasileira contrato de compra e venda das ações correspondentes ao controle acionário da Companhia Estadual de Gás, concessionária do serviço de distribuição e comercialização de gás canalizado, abrangendo operações com gás natural, gás liquefeito de petróleo (GLP) e gás manufaturado no âmbito geográfico do referido estado. A assinatura do contrato resultou do devido processo licitatório empreendido no âmbito do Programa Estadual de Desestatização.

O diretor executivo de XYZ tem conhecimento de que, por força do art. 25, §2º, da Constituição Federal de 1988, a atividade de exploração do serviço de gás canalizado é da competência dos estados federados, seja diretamente ou mediante concessão:

Art. 25, §2º. Cabe aos estados explorar diretamente, ou mediante concessão, os serviços locais de gás canalizado, na forma da lei, vedada a edição de medida provisória para a sua regulamentação.

Como o contrato de concessão é assinado entre XYZ e o estado, encontra-se inegavelmente na esfera fiscalizadora desse ente estatal. Assim, o diretor tem dúvida se XYZ necessita ou não submeter a referida aquisição às autoridades de defesa da concorrência.

A dúvida do diretor fundamenta-se no fato de que o art. 54, *caput*, da Lei nº 8.884, de 11 de junho de 1994, apresenta uma definição bastante ampla de *ato de concentração*, a qual poderia, a seu ver, incluir o referido contrato de compra e venda de ações celebrado com o estado. Ademais, o grupo XYZ apresentou faturamento superior a R$ 400 milhões no Brasil, no ano anterior à operação.

Por outro lado, o diretor entende que a concessionária em questão estaria subordinada apenas às autoridades reguladoras estaduais, tendo em vista o disposto no art. 25, §2º, da Constituição Federal, de forma que faltaria ao Conselho de Administração e Defesa Econômica (Cade), uma autarquia federal, competência sobre o setor de gás canalizado. Além disso, na visão do diretor, por atuar num mercado regulado, a concessionária não se submeteria às normas que regem a defesa da concorrência, uma vez que, em mercados regulados, não se aplicariam tais normas.

Adicionalmente, o diretor alega ser ineficiente, do ponto de vista econômico, submeter operações societárias já aprovadas pelo poder concedente à análise das autoridades de defesa da concorrência, uma vez que estas não teriam competência para anular ou proferir uma decisão oposta àquela tomada pelo poder concedente.

Tendo em vista o disposto na Ordem Constitucional Econômica (arts. 170 e segs. da Constituição Federal) e na Lei nº 8.884/94, procedem os argumentos do diretor de XYZ, ou deve a operação de aquisição do controle da concessionária de gás canalizado ser submetida às autoridades de defesa da concorrência? Em caso positivo, quais são as variáveis cuja análise se faz necessária para que se possa concluir se o ato de concentração se inclui entre aqueles que estão sujeitos a notificação às autoridades? Qual é o prazo para a referida notificação e a quem deve ser endereçada? Quais são os limites para a intervenção do Cade na operação?

Caso 2

A empresa ABC considera que está sendo vítima de práticas anticompetitivas por parte de suas três principais concorrentes — que juntas detêm aproximadamente 90% do mercado em questão —, uma vez que, assessorada por seus advogados, ABC negou-se a ser parte de um acordo sobre uniformização de preços e divisão do mercado proposto por suas competidoras.

Desde então, a empresa enfrenta sérias dificuldades em obter matéria-prima essencial às suas atividades: um de seus fornecedores, por exemplo, disse ter sido forçado a celebrar contrato de exclusividade com as referidas concorrentes, sob pena de não mais lhes fazerem pedidos, o que poderia, no limite, levá-lo à falência. Aparentemente, essa prática teria sido adotada com diversos outros fornecedores, totalizando mais de 60% do mercado do insumo de ABC (mercado *upstream*).

ABC desconfia de que a conduta de suas rivais viola a Lei nº 8.884/94 e pretende tomar as medidas cabíveis. Todavia, não sabe como proceder.

Como advogado de ABC, o que você recomendaria? Qual é a autoridade — ou autoridades — responsável pela investigação e repressão das infrações contra a ordem econômica? Existem requisitos essenciais para a formulação da denúncia? Qual seria o trâmite do processo perante as autoridades de defesa da concorrência? Além de medidas administrativas, haveria medidas judiciais cabíveis? Quais?

Roteiro de estudo

As duas vertentes da análise antitruste: atos de concentração e condutas anticoncorrenciais

A legislação brasileira, seguindo tendência observada na maioria dos países que possuem arcabouço jurídico de proteção à concorrência, tutela tanto o aspecto preventivo da formação de estruturas concentradas de poder econômico quanto o aspecto repressivo, consubstanciado na repressão aos abusos contra a ordem econômica. A defesa da concorrência constitui direito difuso, nos termos do art. 1º, parágrafo único, da Lei nº 8.884/94: "a *coletividade* é a titular dos bens jurídicos protegidos por esta lei".

O aspecto preventivo do direito antitruste é representado pelo dever de submissão de determinadas operações de concentração econômica — tais como fusões, aquisições, constituições conjuntas de empresas — à análise das autoridades de defesa da concorrência. São os chamados *atos de concentração*, que se encontram definidos no art. 54, *caput*, da Lei nº 8.884/94, nos seguintes termos:

> Os atos, sob qualquer forma manifestados, que possam limitar ou de qualquer forma prejudicar a livre concorrência ou resultar na dominação de mercados relevantes de bens ou serviços devem ser submetidos às autoridades brasileiras de defesa da concorrência.

A apreciação dos atos de concentração tem por intuito analisar a estrutura do mercado antes e após a operação notificada, para verificar se o ato cria ou reforça posição dominante no mercado.[1] As concentrações podem ser *horizontais* ou *verticais*, conforme se refiram a agentes econômicos envolvidos na mesma etapa ou em diferentes etapas da cadeia produtiva, ou, ainda, *conglomeradas*, quando abarcam agentes econômicos atuantes em mercados que não apresentam relação na cadeia produtiva.

A outra vertente de análise antitruste traduz-se na averiguação e repressão de *condutas* anticompetitivas, entre as quais podem ser citados cartéis, vendas casadas, recusas de contratação e preços predatórios. A caracterização de uma infração da ordem econômica encontra-se definida no art. 20 da Lei nº 8.884/94, nos seguintes termos:

> Constituem infração da ordem econômica, independentemente de culpa, os atos sob qualquer forma manifestados, que tenham por objeto ou possam produzir os seguintes efeitos, ainda que não sejam alcançados:
> I – limitar, falsear ou de qualquer forma prejudicar a livre concorrência ou a livre-iniciativa;
> II – dominar mercado relevante de bens ou serviços;
> III – aumentar arbitrariamente os lucros;
> IV – exercer de forma abusiva posição dominante.

---

[1] Segundo Bruna (2001:104), "poder econômico é a capacidade de determinar comportamentos econômicos alheios, em condições diversas daquilo que decorreria do sistema de mercado, se nele vigorasse um sistema concorrencial puro". Hovenkamp (1999:78), por sua vez, define-o nos seguintes termos: "é a possibilidade de uma empresa aumentar seus lucros reduzindo a oferta de seus produtos e cobrando por eles preços superiores aos competitivos".

O art. 21 da Lei nº 8.884/94 apresenta uma lista exemplificativa de atos que caracterizarão infração à ordem econômica, desde que atendidos os requisitos do supracitado art. 20.

Para além das funções preventiva e repressiva, as autoridades antitruste exercem, ainda, a função de advocacia da concorrência, tendo por dever institucional a promoção da cultura da concorrência mediante a realização de seminários, a elaboração de cartilhas e textos explicativos, programas de estágio e intercâmbio com universidades, e o esclarecimento de dúvidas dos agentes econômicos e da sociedade — ações todas elas positivas visando à construção de um sólido ambiente de concorrência nos mercados.[2]

A análise tanto dos atos de concentração quanto das infrações da ordem econômica é empreendida pelas entidades que compõem o sistema brasileiro de defesa da concorrência (SBDC), cuja estrutura é apresentada a seguir.

Estrutura do SBDC

A atual conformação do sistema brasileiro de defesa da concorrência[3] encontra-se delineada na Lei nº 8.884/94. Existem dois órgãos da administração direta e uma autarquia com competência sobre matéria concorrencial, a saber: a Secretaria de Direito Econômico, do Ministério da Justiça (SDE); a Secre-

---

[2] Nesse sentido, a Resolução nº 35, de 4 de junho de 2003, do Cade instituiu o Programa de Formação em Concorrência, visando à formação de estudantes de graduação e pós-graduação em direito e economia e outras áreas relacionadas ao estudo da concorrência. A Portaria nº 14, de 9 de março de 2004, da SDE define as diretrizes gerais para as empresas que desejem elaborar programa de prevenção de infrações da ordem econômica (*compliance*) e os requisitos para o seu depósito junto à SDE.
[3] Não existe na legislação pátria uma previsão expressa sobre a existência de um sistema brasileiro de defesa da concorrência formalmente constituído. Entretanto, a prática consagrou tal denominação para se fazer alusão aos três órgãos envolvidos na tutela da concorrência, quando considerados em conjunto.

taria de Acompanhamento Econômico, do Ministério da Fazenda (Seae); e o Conselho Administrativo de Defesa Econômica (Cade).[4]

Essa estrutura tripartite do sistema confere transparência e pluralidade à análise de atos de concentração e processos administrativos. Por outro lado, o sistema tem sido acusado de ineficiência, uma vez que a diversidade de órgãos e autoridades com competência em matéria antitruste termina por ocasionar delongas na conclusão dos casos que lhes são submetidos, além de se observar, na lei, sobreposição de competências. Tal delonga se apresenta incompatível com o desenvolvimento de um ambiente concorrencial saudável, uma vez que, da perspectiva preventiva, a demora na análise de atos de concentração onera as empresas e gera um ambiente de incerteza no mercado afetado. No que tange aos processos administrativos, o atraso na conclusão das investigações permite a perpetuação de práticas ilícitas no mercado, distorcendo o ambiente concorrencial, com prejuízos incalculáveis para a sociedade.[5]

A Secretaria de Direito Econômico (SDE)

A SDE constitui órgão integrante do Ministério da Justiça, não sendo dotada de personalidade jurídica ou autonomia. Subdivide-se em dois departamentos: o Departamento de Proteção e Defesa Econômica (DPDE) e o Departamento de Proteção e Defesa do Consumidor (DPDC), sendo da competência do

---

[4] Com o intuito de solucionar os aspectos que têm sido alvo de críticas, encontra-se em discussão um projeto de lei que pretende dar nova conformação institucional às autoridades de defesa da concorrência, fundindo órgãos e simplificando procedimentos.

[5] Com o intuito de solucionar os aspectos que têm sido alvo de críticas, foi submetido à consulta pública um anteprojeto de lei que pretende dar nova conformação institucional à defesa da concorrência, fundindo órgãos e simplificando determinados procedimentos.

primeiro as questões antitruste. A SDE possui competência investigativa e opinativa sobre a existência de infração da ordem econômica e para proferir pareceres quanto à possibilidade de aprovação de atos de concentração.

Nos termos do art. 14 da Lei nº 8.884/94, entre as atribuições da SDE se incluem:

- zelar pelo cumprimento desta lei, monitorando e acompanhando as práticas de mercado;
- acompanhar, permanentemente, as atividades e práticas comerciais de pessoas físicas ou jurídicas que detiverem posição dominante em mercado relevante de bens ou serviços, para prevenir infrações da ordem econômica, podendo, para tanto, requisitar as informações e documentos necessários, mantendo o sigilo legal, quando for o caso;
- proceder, em face de indícios de infração da ordem econômica, a averiguações preliminares para instauração de processo administrativo;
- decidir pela insubsistência dos indícios, arquivando as averiguações preliminares;
- requisitar informações de quaisquer pessoas, órgãos, autoridades e entidades públicas ou privadas, mantendo o sigilo legal, quando for o caso, bem como determinar as diligências que se fizerem necessárias ao exercício das suas funções;
- instaurar processo administrativo para apuração e repressão de infrações da ordem econômica;
- recorrer de ofício ao Cade, quando decidir pelo arquivamento das averiguações preliminares ou do processo administrativo;
- remeter ao Cade, para julgamento, os processos que instaurar, quando entender configurada infração da ordem econômica;
- celebrar, nas condições que estabelecer, compromisso de cessação de prática anticoncorrencial, submetendo-o ao Cade, e fiscalizar o seu cumprimento;

- sugerir ao Cade condições para a celebração de compromisso de desempenho, e fiscalizar o seu cumprimento;
- adotar medidas preventivas que conduzam à cessação de prática que constitua infração da ordem econômica, fixando prazo para seu cumprimento e o valor da multa diária a ser aplicada, no caso de descumprimento;
- receber e instruir os processos a serem julgados pelo Cade, inclusive consultas, e fiscalizar o cumprimento das decisões do Cade;
- orientar os órgãos da administração pública quanto à adoção de medidas necessárias ao cumprimento desta lei;
- desenvolver estudos e pesquisas objetivando orientar a política de prevenção de infrações da ordem econômica;
- instruir o público sobre as diversas formas de infração da ordem econômica, e os modos de sua prevenção e repressão.

Conforme pode ser depreendido do rol de competências acima, a principal característica da SDE é ser o *braço investigativo* do sistema de defesa da concorrência, competindo-lhe primordialmente a análise e coleta de provas relativamente a operações de concentração e infrações antitruste.

A Secretaria de Acompanhamento Econômico (Seae)

No que tange aos processos administrativos, o art. 38 da Lei nº 8.884/94 prevê a participação da Seae nos seguintes termos:

> A Secretaria de Acompanhamento Econômico do Ministério da Fazenda será informada por ofício da instauração do processo administrativo para, querendo, emitir parecer sobre as matérias de sua especialização, o qual deverá ser apresentado antes do encerramento da instrução processual.

O art. 10 da Lei nº 9.021, de 30 de março de 1995, por sua vez, dispõe:

> A Secretaria de Acompanhamento Econômico do Ministério da Fazenda (Seae), quando verificar a existência de indícios da ocorrência de infração prevista nos incisos III ou IV do art. 20 da Lei nº 8.884, de 1994, mediante aumento injustificado de preços ou imposição de preços excessivos, convocará os responsáveis para, no prazo máximo de 10 dias úteis, justificarem a respectiva conduta.
>
> Parágrafo único. Não justificado o aumento, ou preço cobrado, presumir-se-á abusiva a conduta, devendo a Seae representar fundamentadamente à Secretaria de Direito Econômico — SDE, do Ministério da Justiça, que determinará a instauração de processo administrativo.

Já no que tange aos atos de concentração, o art. 54, §6º, da Lei nº 8.884/94 determina que uma via da notificação do ato de concentração seja enviada à Seae para elaboração de parecer.

O Conselho Administrativo de Defesa Econômica (Cade)

Nos termos do art. 1º da Lei nº 8.884/94, o Cade constitui uma autarquia federal vinculada ao Ministério da Justiça, com competência judicante e jurisdição em todo o território nacional. A autarquia tem natureza de órgão colegiado, sendo suas principais decisões tomadas em sessões plenárias públicas. A estrutura do Cade encontra-se delineada na Lei nº 8.884/94 e na Resolução Cade nº 45, de 28 de março de 2007.

O Plenário do Cade

O Plenário do Cade é composto por um presidente e seis conselheiros, escolhidos entre cidadãos com mais de 30 anos de idade, de notório saber jurídico ou econômico e reputação ilibada, nomeados pelo presidente da República, depois de sabatinados pelo Senado Federal.

Os conselheiros são nomeados para um mandato de dois anos, sendo permitida uma recondução. Dessa forma, somente perderão o mandato em virtude de decisão do Senado Federal, por provocação do presidente da República ou em razão de condenação penal irrecorrível por crime doloso ou de processo disciplinar em conformidade com o que prevêem as leis nº 8.112, de 11 de dezembro de1990, e nº 8.429, de 2 de junho de 1992, e por infração de quaisquer das vedações previstas no art. 6º da Lei nº 8.884/94, o qual proíbe aos conselheiros:

- receber, a qualquer título, e sob qualquer pretexto, honorários, percentagens ou custas;
- exercer profissão liberal;
- participar, na forma de controlador, diretor, administrador, gerente, preposto ou mandatário, de sociedade civil, comercial ou empresas de qualquer espécie;
- emitir parecer sobre matéria de sua especialização, ainda que em tese, ou funcionar como consultor de qualquer tipo de empresa;
- manifestar, por qualquer meio de comunicação, opinião sobre processo pendente de julgamento, ou juízo depreciativo sobre despachos, votos ou sentenças de órgãos judiciais, ressalvada a crítica nos autos, em obras técnicas ou no exercício do magistério;
- exercer atividade político-partidária.

Entre as competências conferidas ao Plenário do Cade pelo art. 7º da Lei nº 8.884/94 destacam-se:

- decidir sobre a existência de infração da ordem econômica e aplicar as penalidades previstas em lei;

- decidir os processos instaurados pela Secretaria de Direito Econômico do Ministério da Justiça;
- decidir os recursos de ofício do secretário da SDE;
- ordenar providências que conduzam à cessação de infração da ordem econômica, dentro do prazo que determinar;
- aprovar os termos do compromisso de cessação de prática e do compromisso de desempenho, bem como determinar à SDE que fiscalize seu cumprimento;
- apreciar em grau de recurso as medidas preventivas adotadas pela SDE ou pelo conselheiro-relator;
- requisitar informações de quaisquer pessoas, órgãos, autoridades e entidades públicas ou privadas, respeitando e mantendo o sigilo legal quando for o caso, bem como determinar as diligências que se fizerem necessárias ao exercício das suas funções;
- requisitar dos órgãos do Poder Executivo federal e solicitar das autoridades dos estados, municípios, Distrito Federal e territórios as medidas necessárias ao cumprimento desta lei;
- apreciar os atos ou condutas, sob qualquer forma manifestados, sujeitos à aprovação nos termos do art. 54, fixando compromisso de desempenho, quando for o caso;
- requerer ao Poder Judiciário a execução de suas decisões, nos termos desta lei;
- determinar à Procuradoria do Cade a adoção de providências administrativas e judiciais.

Além disso, compete ao plenário firmar contratos e convênios com órgãos ou entidades nacionais e submeter, previamente, ao ministro de Estado da Justiça os que devam ser celebrados com organismos estrangeiros ou internacionais, bem como responder a consultas sobre matéria de sua competência. O Cade tem ainda uma função propedêutica de instruir o público sobre as formas de infração da ordem econômica.

Em vista de seu caráter autárquico, ao plenário é atribuída a função de elaborar e aprovar seu regimento interno; propor a estrutura do quadro de pessoal da autarquia, observado o disposto no inciso II do art. 37 da Constituição Federal; elaborar proposta orçamentária nos termos desta lei; e indicar o substituto eventual do procurador-geral nos casos de faltas, afastamento ou impedimento.

Competências do presidente do Cade

Ao presidente do Cade incumbe a representação legal da entidade, em juízo e fora dele; presidir as reuniões do plenário; distribuir os processos por sorteio; convocar as sessões e determinar a organização da pauta, assim como cumprir e fazer cumprir as decisões do Cade; determinar à procuradoria as providências judiciais para execução das decisões e julgados da autarquia; assinar os compromissos de cessação de infração da ordem econômica e os compromissos de desempenho; submeter à aprovação do plenário a proposta orçamentária e a lotação ideal do pessoal que prestará serviço à entidade; orientar, coordenar e supervisionar as atividades administrativas da entidade.

Competências dos conselheiros

Nos termos do art. 9º da Lei nº 8.884/94, aos conselheiros do Cade incumbe:

- emitir voto nos processos e questões submetidas ao plenário;
- proferir despachos e lavrar as decisões nos processos em que forem relatores;
- submeter ao plenário a requisição de informações e documentos de quaisquer pessoas, órgãos, autoridades e entidades públicas ou privadas, a serem mantidas sob sigilo legal,

quando for o caso, bem como determinar as diligências que se fizerem necessárias ao exercício das suas funções;
- adotar medidas preventivas, fixando o valor da multa diária pelo seu descumprimento;
- desincumbir-se das demais tarefas que lhes forem cometidas pelo regimento.

A Procuradoria Geral do Cade

O art. 10 da Lei nº 8.884/94 determina que, junto ao Cade, funcionará uma procuradoria, chefiada pelo procurador-geral e composta de membros da Advocacia Geral da União (AGU), competindo-lhes:

- prestar assessoria jurídica à autarquia e defendê-la em juízo;
- promover a execução judicial das decisões e julgados da autarquia;
- requerer, com autorização do plenário, medidas judiciais visando à cessação de infrações da ordem econômica;
- promover acordos judiciais nos processos relativos a infrações contra a ordem econômica, mediante autorização do plenário do Cade e ouvido o representante do Ministério Público Federal;
- emitir parecer nos processos de competência do Cade;
- zelar pelo cumprimento desta lei;
- desincumbir-se das demais tarefas que lhe sejam atribuídas pelo regimento interno.

De acordo com o art. 11 da Lei nº 8.884/94, o procurador-geral será indicado pelo ministro de Estado da Justiça e nomeado pelo presidente da República, entre brasileiros de ilibada reputação e notório conhecimento jurídico, depois de aprovado pelo Senado Federal. O procurador-geral participa das reuniões do Cade, sem direito a voto, sendo-lhe aplicáveis as mesmas normas de tempo de mandato, recondução, impedimentos, perda de mandato e substituição aplicáveis aos conselheiros do Cade.

Atuação do Ministério Público Federal perante o Cade

A Lei nº 8.884/94 determina, ainda, que caberá ao procurador-geral da República, ouvido o Conselho Superior, designar um membro do Ministério Público Federal para, nesta qualidade, oficiar nos processos sujeitos à apreciação do Cade.

Sem prejuízo das competências da procuradoria geral (composta por membros da AGU), a lei permite que o Cade, se o desejar, requeira ao Ministério Público Federal que este promova a execução de seus julgados ou dos compromissos de cessação, bem como adote as medidas judiciais cabíveis, no exercício da atribuição estabelecida pela alínea *b* do inciso XIV do art. 6º da Lei Complementar nº 75, de 20 de maio de 1993.

Sujeito passivo do ilícito antitruste

O art. 15 da Lei nº 8.884/94 determina que as normas antitruste aplicam-se às pessoas físicas ou jurídicas de direito público ou privado, bem como a quaisquer associações de entidades ou pessoas, constituídas de fato ou de direito, ainda que temporariamente, com ou sem personalidade jurídica, mesmo que exerçam atividade sob regime de monopólio legal. Dessa forma, mostra-se extremamente amplo o rol de entes que se subordinam às previsões do direito antitruste.

Responsabilidade por infração das normas de proteção e defesa da concorrência

O art. 16 da Lei nº 8.884/94 determina que a *empresa* e seus *dirigentes* ou *administradores* são *solidariamente* responsáveis por violações a seus preceitos. Igualmente, de acordo com o art. 17, são solidariamente responsáveis todas as *empresas* ou *entidades integrantes de grupo econômico*, de fato ou de direito, que praticarem infração da ordem econômica.

Tendo em vista a necessidade de reprimir eficazmente os ilícitos anticoncorrenciais, a legislação determina, ainda, em seu art. 18, que a *personalidade jurídica* do responsável por infração da ordem econômica poderá ser *desconsiderada*, quando houver, por parte deste, abuso de direito, excesso de poder, infração da lei, fato ou ato ilícito, violação dos estatutos ou contrato social. A desconsideração também será efetivada em caso de falência, estado de insolvência, encerramento ou inatividade da pessoa jurídica provocados por má administração.

Processo administrativo para apuração de infração antitruste

Uma vez que os processos administrativos perante as autoridades de defesa da concorrência têm por objeto matéria de ordem pública, qualquer pessoa possui legitimidade para formular representação à Secretaria de Direito Econômico, dando notícia de fato que possa constituir infração da ordem econômica.

Em vista do recebimento de denúncia ou mesmo de ofício, a SDE poderá instaurar averiguação preliminar a fim de confirmar se existe, na suspeita levantada, um mínimo de indício capaz de justificar a abertura de um processo administrativo.[6] Dentro de 60 dias contados da data de instauração, o secretário de Direito Econômico deve decidir pela instauração do

---

[6] Quando houver indícios suficientes, a critério da autoridade, ou em caso de representação de qualquer das casas do Congresso Nacional, a SDE deverá proceder à imediata abertura de processo administrativo, sem a prévia realização de averiguação preliminar (art. 30, *caput,* §2º, da Lei nº 8.884/94).

processo administrativo ou pelo arquivamento da averiguação, devendo, neste último caso, recorrer de ofício ao Cade.[7]

O processo administrativo se inicia através de despacho fundamentado do secretário da SDE, sendo o representado notificado para apresentar defesa em 15 dias.[8]

Após a apresentação da defesa, a SDE determina a realização de diligências e a produção de provas, a serem apresentadas no prazo de 15 dias. O representado deve produzir as provas de seu interesse no prazo máximo de 45 dias, contados do protocolo da defesa, podendo apresentar novos documentos a qualquer tempo antes de encerrada a instrução processual, tendo em vista que o processo se rege pela busca da verdade real, em razão da sua natureza eminentemente pública.

Concluída a instrução processual, o representado é notificado para apresentar alegações finais, no prazo de cinco dias. Após o decurso desse prazo, o secretário da SDE deve exarar parecer, sugerindo a condenação do representado, caso entenda configurada infração da ordem econômica, ou determinando o arquivamento do processo, neste último caso recorrendo de ofício ao Cade.

Recebido no Cade o processo administrativo, este será distribuído, mediante sorteio, a um relator.

O conselheiro-relator realizará as diligências adicionais que considerar necessárias, devendo, em seguida, enviar os autos à Procuradoria Geral para elaboração de parecer.

---

[7] A Portaria nº 4, de 5 de janeiro de 2006, do Ministério da Justiça regulamenta as diversas espécies de processos administrativos que tramitam na SDE, tanto os relacionados a atos de concentração quanto aqueles que se referem à investigação de práticas lesivas à concorrência. A Portaria Conjunta Seae/SDE nº 33, de 4 de janeiro de 2006, estabelece mecanismos de cooperação entre a SDE e a Seae, visando à racionalização, transparência, economia processual, não duplicação de esforços e celeridade dos procedimentos administrativos relacionados a atos de concentração e investigação de infrações à ordem econômica.

[8] A Seae é informada, por ofício, da instauração do processo administrativo para, querendo, emitir parecer sobre as matérias de sua especialidade, o qual deve ser apresentado antes do encerramento da instrução processual.

Após a juntada aos autos do parecer da procuradoria, deve ser aberta vista ao Ministério Público. Em seguida, o processo administrativo será incluído em pauta para julgamento.

A principal pena administrativa[9] por infração da ordem econômica consiste na imposição de multa, cujo valor, no caso de empresa, pode variar de 1% a 30% do seu faturamento bruto no último exercício, excluídos os impostos, a qual, em todo caso, nunca será inferior à vantagem auferida, quando quantificável. No caso de administrador direta ou indiretamente responsável pela infração cometida por empresa, a multa variará de 10% a 50% do valor daquela aplicável à empresa. Nos demais casos, como os de associações e entidades sem caráter empresarial, a multa será de 6 mil Ufirs a 6 milhões de Ufirs[10] (conforme art. 23 da Lei nº 8.884/94).

Além da sanção pecuniária, o art. 24 da Lei nº 8.884/94 prevê a possibilidade de imposição de outras penalidades, tais como:

- publicação, em meia página, às expensas do infrator, de extrato da decisão condenatória;
- proibição de contratar com instituições financeiras oficiais e participar de licitações;
- inscrição no Cadastro Nacional de Defesa do Consumidor;
- recomendação aos órgãos públicos competentes para que seja concedida licença compulsória de patentes e para que não seja concedido ao infrator parcelamento de tributos federais, incentivos fiscais ou subsídios públicos;

---

[9] Cumpre mencionar que, nos termos da Lei nº 8.137, de 27 de dezembro de 1990, algumas condutas anticoncorrenciais também constituem crimes contra a ordem econômica.
[10] Com a extinção da Ufir, o valor da multa vem sendo calculado com base no seu último valor de conversão, atualizado monetariamente.

❏ determinação de dissolução de sociedade, transferência de controle societário, venda de ativos, cessação parcial de atividades, bem como qualquer outra providência que venha a ser necessária para a eliminação dos efeitos nocivos à ordem econômica.

Os atos de concentração

O art. 54, *caput*, da Lei nº 8.884/1994 dispõe que os atos, sob qualquer forma manifestados, que possam limitar ou de qualquer forma prejudicar a livre concorrência ou resultar na dominação de mercados relevantes de bens ou serviços devem ser submetidos às autoridades brasileiras de defesa da concorrência.

A lei inclui entre os atos passíveis de notificação aqueles nos quais pelo menos um dos grupos econômicos envolvidos tenha apresentado faturamento, no último exercício fiscal, superior a R$ 400 milhões, ou que detenha (ou passe a deter em decorrência da operação) participação superior a 20% do mercado relevante (art. 54, §3º, da Lei nº 8.884/94). No início de 2005, modificação na jurisprudência do Cade passou a restringir o primeiro critério, anteriormente compreendido como abrangendo o faturamento do grupo econômico no plano global, para considerar relevante apenas o faturamento dentro do território nacional.[11]

A submissão de atos de concentração às autoridades de defesa da concorrência deve ser precedida do pagamento da taxa processual, no valor total de R$ 45 mil.

---

[11] Ato de Concentração nº 08012.002992/2004-14; requerentes: ADC Telecommunications, Inc. e Krone International Holding Inc.; julgado em 19 de janeiro de 2005.

A notificação deve ser protocolada na Secretaria de Direito Econômico,[12] em três vias, dentro de 15 dias úteis contados da data de assinatura do primeiro documento vinculativo relativo à operação,[13] sob pena de multa por intempestividade na notificação.[14]

Ao receber um ato de concentração, a SDE encaminhará uma via à Seae e outra ao Cade, onde é desde logo distribuída, mediante sorteio, a um conselheiro-relator. Em seguida, a SDE faz publicar, no *Diário Oficial da União*, um extrato resumido da operação notificada, a fim de que eventuais interessados — quer sejam estes clientes, fornecedores ou concorrentes — possam se manifestar sobre a operação pretendida.[15]

À Seae compete emitir parecer técnico sobre os efeitos da operação nos mercados afetados, privilegiando o prisma econômico e sugerindo a aprovação ou não da operação.

Tendo recebido o parecer da Seae, a SDE procede à sua análise, também formulando parecer conclusivo sobre a possibilidade de sua aprovação.[16] Em seguida, instruído com ambos

---

[12] Exceto para os atos de concentração ocorridos no setor de telecomunicações, os quais devem ser protocolizados na Agência Nacional de Telecomunicações (Anatel), conforme art. 7º, *caput*, §§1º e 2º, da Lei nº 9.472/97, de 16 de julho de 1997, o qual dispõe: "Art. 7º — As normas gerais de proteção à ordem econômica são aplicáveis ao setor de telecomunicações, quando não conflitarem com o disposto nesta Lei. §1º — Os atos envolvendo prestadora de serviço de telecomunicações, no regime público ou privado, que visem a qualquer forma de concentração econômica, inclusive mediante fusão ou incorporação de empresas, constituição de sociedade para exercer o controle de empresas ou qualquer forma de agrupamento societário, ficam submetidos aos controles, procedimentos e condicionamentos previstos nas normas gerais de proteção à ordem econômica. §2º — Os atos de que trata o parágrafo anterior serão submetidos à apreciação do Conselho Administrativo de Defesa Econômica — Cade, por meio do órgão regulador". A forma dessa notificação encontra-se detalhada na Norma nº 07/1999 da Anatel, anexa à Resolução nº 195, de 7 de dezembro de 1999.
[13] Art. 54, §§4º e 5º, da Lei nº 8.884/94, c/c art. 98, Resolução Cade nº 45/07.
[14] O cálculo dessa pena e a sua dosimetria encontram-se disciplinados na Resolução Cade nº 36, de 19 de maio de 2004.
[15] O procedimento de análise de atos de concentração perante a SDE encontra-se detalhado na Portaria nº 04/2006 do Ministério da Justiça.
[16] A Portaria Conjunta Seae/SDE nº 1, de 18 de fevereiro de 2003, estabeleceu procedimento sumário para a análise de atos de concentração nos casos que, em virtude da simplicidade das operações, não despertam maior potencialidade de dano à concorrência.

os pareceres, os autos são remetidos ao Cade e enviados ao gabinete do conselheiro-relator.

Recebido o processo, o conselheiro-relator analisa os dados constantes dos autos e, em considerando necessário, poderá requerer informações e esclarecimentos adicionais, seja das partes, concorrentes, clientes, fornecedores ou quaisquer terceiros.[17]

Finda a instrução, o conselheiro-relator encaminha os autos à Procuradoria Geral, para elaboração de parecer sobre a regularidade processual e o mérito do caso. Em seguida, deve ser aberta vista ao Ministério Público, que, em o desejando, poderá oficiar no feito; em seguida, será pedida pauta para julgamento.

O julgamento dos atos de concentração ocorre em sessão pública do Plenário do Cade. Ao analisar um ato de concentração, o Cade pode adotar uma das seguintes soluções: aprová-lo sem restrições; aprová-lo com a condição de cumprimento de compromisso de desempenho; condicionar a sua aprovação a determinadas ações estruturais, tais como a alienação de determinados ativos; ou determinar a desconstituição da operação. Cumpre observar que, independentemente da decisão quanto ao mérito da operação, haverá imposição de multa em caso de intempestividade na notificação.

Interação da autoridade reguladora e entidades do SBDC

A submissão de determinados setores da economia à autoridade de agências reguladoras independentes constitui fenômeno de origem norte-americana que data do final do século XIX, mais especificamente de 1887, quando o Congres-

---

[17] O Anexo I à Resolução Cade nº 15, de 19 de agosto de 1998, apresenta o formulário a ser preenchido na submissão de atos de concentração. Os procedimentos de notificação encontram-se detalhados nos arts. 96 e segs. da Resolução Cade nº 45/07.

so determinou a instituição da Interstate Commerce Commission para regular as ferrovias.[18]

À primeira vista, costuma-se relacionar a regulação ao objetivo de substituir os mecanismos de concorrência diante de falhas de mercado, tais como assimetrias de informação, monopólios naturais, bens públicos e externalidades. Em princípio, concorrência e regulação seriam mecanismos inconciliáveis, uma vez que:

- a concorrência preocupar-se-ia precipuamente com a alocação eficiente dos recursos escassos, por meio da interação dos agentes no mercado, ao passo que a regulação abrangeria um feixe maior de interesses, tais como metas de universalização de serviços e respeito ao meio ambiente;
- a concorrência implicaria principalmente um controle *a posteriori* e pontual, visando à correção de disfunções do mercado, enquanto a regulação atuaria mormente na conformação estruturante do setor;
- ao disciplinar os mercados, as autoridades de defesa da concorrência teriam preferência por remédios estruturais, ao passo que as reguladoras esposariam uma predileção por soluções comportamentais.[19]

No que tange ao alcance e limite de competências de autoridades reguladoras e concorrenciais, Gesner Oliveira (2001:64) aponta a existência de quatro possíveis arranjos institucionais, em tese:

---

[18] Breyer (1982:1) destaca a amplitude que o fenômeno regulatório assumiu nos EUA a partir da criação da ICC, passando a compreender diversas atividades, tais como ferrovias, caminhões, companhias aéreas, telefonia, eletricidade, rádio, televisão, gás natural, alimentos, produtos farmacêuticos, bancos e emissores de valores mobiliários. Ele ressalta, ainda, que na segunda metade da década de 1960 houve nos EUA um surto regulatório jamais visto, tanto na quantidade de agências criadas quanto no volume de legislação editada para regê-las.
[19] Oliveira, 2001:60.

- isenção antitruste — sistema no qual as agências reguladoras aplicam a legislação antitruste, prevalecendo, em caso de divergência, as regras regulatórias;
- competências concorrentes — ambas as autoridades (regulatória e concorrencial) aplicam indistintamente as normas antitruste;
- ausência de controle regulatório — a tutela de todos os mercados é realizada unicamente a partir da aplicação das normas de defesa da concorrência pela autoridade antitruste;
- complementaridade entre agência e autoridade concorrencial.

Tendo em vista as possibilidades acima, é na análise do feixe de competências atribuído a cada entidade que se pode buscar a resposta sobre qual a conformação existente num determinado ordenamento jurídico. Assim, se a lei estabelecer que será incumbência da autoridade reguladora a definição de variáveis essenciais ao funcionamento livre do mercado (tais como quantidade e qualidade de produção, preço de venda, condições de entrada e saída do mercado), o intuito da substituição restará cristalino.[20] Nas demais hipóteses, em que o grau de ingerência estatal determinado em lei não permita aferir o intuito da substituição entre os sistemas, forçoso será concluir pela convivência entre as competências das autoridades de regulação e de concorrência.

---

[20] A jurisprudência norte-americana fixou, nas decisões proferidas em dois casos notáveis (Parker e Midcal), os requisitos para se avaliar se determinado mercado encontra-se imune à incidência das normas antitruste. Segundo Areeda e Kaplow (1988:146), "pode-se concluir que não haverá imunidade, de acordo com a decisão proferida em Parker, sem: a) adequada supervisão pública; e b) um claro propósito de afastar a concorrência. Mais recentemente, essas duas exigências foram enfatizadas em Midcal. Ambas são geralmente inter-relacionadas. A existência de supervisão estatal sobre comportamentos anticoncorrenciais pode indicar também, por exemplo, o propósito do Estado. De forma semelhante, a inação por parte do Estado pode tanto indicar uma falha de supervisão quanto refletir uma finalidade ambígua do Estado".

A esse respeito, Salomão Filho (2001:136-137) aponta duas correntes de pensamento que trouxeram contribuição significativa para o deslinde da questão. A primeira, denominada *state action doctrine*, é por ele explicada nos seguintes termos:

> Estabeleceram-se dois critérios básicos para determinar se a regulamentação estadual conferia ou não imunidade à aplicação do direito antitruste. Em primeiro lugar é necessário que a decisão seja tomada ou que a regulamentação seja expedida em conseqüência de uma política claramente expressa e definida de substituição da competição pela regulamentação. Não basta, portanto, que a lei dê poderes para determinação das variáveis empresariais básicas (preço e quantidade produzida). É necessário que ela claramente expresse a intenção de substituir a competição pela regulamentação.

> Mas não é só. É necessário ainda que haja supervisão ativa e constante do cumprimento das obrigações impostas pela regulamentação.

A segunda doutrina, denominada "teoria do poder amplo" (*pervasive power doctrine*), embora partindo de análise distinta, chega a resultados bastante semelhantes.

De acordo com essa teoria, para saber se a competência conferida a uma agência reguladora afasta a atuação da autoridade antitruste seria necessário averiguar a *extensão* dos poderes conferidos à agência, isto é, se as referidas competências foram atribuídas com o intuito de substituir a autoridade concorrencial; ou, então, se o rol de competência das agências é *profundo* o suficiente, isto é, se as normas instituidoras da agência já lhe conferiram poder para aplicação do direito antitruste.[21]

---

[21] Salomão Filho, 2001:138-139.

No Brasil, o ordenamento jurídico adota uma solução de complementaridade entre as funções das agências reguladoras e das autoridades de defesa da concorrência. De fato, por um lado, a maioria das agências reguladoras criadas a partir da segunda metade da década de 1990 possui, nas leis que as instituíram, previsões genéricas de competência para a promoção da concorrência nos setores sob a sua ingerência. No entanto, a Lei nº 8.884/94 — que disciplina a defesa da concorrência — aplica-se indistintamente a pessoas de direito público e de direito privado (conforme o art. 15), e nela não se encontra qualquer ressalva quanto à sua incidência sobre mercados objeto de regulação estatal.[22]

Portanto, tem-se que o legislador não esclareceu os limites de atuação entre os órgãos regulatórios e o Cade. Essa omissão legislativa foi ressaltada em relatório da Organização para Cooperação e Desenvolvimento Econômico (OCDE) intitulado *A política de concorrência e a reforma regulatória no Brasil*,[23] o qual alertou para a necessidade de futuras normas virem a esclarecer em que hipóteses, no direito brasileiro, a regulação excluiria a concorrência:

> não há isenções específicas da lei de concorrência para nenhum dos setores regulados: a Lei nº 8.884 se aplica totalmente a eles. No entanto, o ponto de interação entre regulação e a lei da concorrência não está bem definido nessa etapa. A lei de concorrência talvez tenha que ceder espaço para a regulação em situações nas quais ambas não possam coexistir, isto é, em que o projeto regulatório não funcionaria como previsto na lei, caso a

---

[22] Existe atualmente uma controvérsia doutrinária sobre se os atos de concentração envolvendo o setor bancário seriam imunes à apreciação das autoridades de defesa da concorrência. Essa possível exceção será discutida mais adiante.
[23] Disponível em: <www.fazenda.gov.br/seae/arquivos/txtbrazilreportocde-portugues.pdf>.

lei de concorrência também fosse integralmente aplicada. No entanto, tais "isenções implícitas" da lei de concorrência devem ser cuidadosamente analisadas.

A esse respeito, observa Rocha (1988) que, se a aplicação da política antitruste pela autoridade reguladora traz em seu bojo o risco de fragmentação e desvirtuamento da política de concorrência, por outro lado a correta análise de algumas questões concorrenciais requer profundo conhecimento técnico do setor em questão, cuja *expertise* normalmente é de melhor conhecimento da autoridade reguladora. Nusdeo (2000:179), por sua vez, afirma que o risco latente de captura do órgão regulador pelos agentes regulados sugere a oportunidade de atuarem as autoridades de defesa da concorrência como uma espécie de controle externo das agências setoriais:

> é conveniente que as agências, dotadas da capacitação técnica apropriada, sejam aproveitadas no tratamento de problemas que freqüentemente envolvem questões de grande especificidade e tecnicidade. No entanto, a transferência de poderes exclusivos às agências é uma alternativa perigosa, tomando-se em consideração o risco de sua captura pelos interesses regulados, na medida em que o contato reiterado com os agentes econômicos atuantes no setor tende a produzir uma identificação entre os interesses dessas empresas e os dos funcionários das agências.

Além disso, a submissão uniforme de todos os mercados a regras comuns de defesa da concorrência parece possível — e mesmo desejável — na maioria dos casos, pois evita discriminação entre as diferentes atividades econômicas, promovendo de forma eficiente e isonômica a proteção do livre-mercado.[24] Nesse sentido, o referido relatório da OCDE constatou que:

> A concorrência é possível na maioria dos aspectos de todos os setores da economia, incluindo as chamadas "indústrias de rede", nas quais algumas partes podem apresentar características de monopólio natural. A agência de concorrência pode contribuir de maneira significativa para a política regulatória nesses setores através de intervenções, formais ou informais, em decisões importantes tomadas pelo regulador com o objetivo de incentivar políticas que favoreçam a concorrência onde possível.[25]

Como exemplo de mercado no qual essa articulação entre os órgãos de concorrência e de regulação mostra-se melhor definida em nosso ordenamento, merece menção o setor de telecomunicações, cuja lei estruturante expressamente prevê a aplicação das normas de defesa da concorrência em ambos os aspectos preventivo e repressivo, definindo inclusive a forma de relacionamento entre as autoridades regulatória e concorrencial.[26]

Nos demais casos, a questão se apresenta mais delicada, uma vez que as normas que instituíram as agências reguladoras (por exemplo, Aneel, ANP, ANTT e Antaq) apenas se referiram de forma genérica à sua competência para a proteção e defesa da concorrência, prevendo que ambas deveriam se articular com os órgãos antitruste para o alcance desses objetivos.[27] Uma

---

[24] Segundo Salgado (1997:160), "a redefinição de uma política antitruste é simultaneamente parte de um processo de modernização do Estado e de modernização da economia. A política de concorrência pode funcionar como um contraponto à face perversa da regulação ao substituir regulações particulares por regras gerais, e a discricionariedade pública pelo peso da lei".
[25] Ver nota 23.
[26] Art. 7º da Lei nº 9.472/97.
[27] Art. 3º, parágrafo único, da Lei nº 9.427/96; arts. 1º, IX, e 10 da Lei nº 9.478/97; art. 31 da Lei nº 10.233/01.

cuidadosa leitura desses diplomas legais parece permitir a conclusão de que o legislador definiu regulação técnica e concorrência como matérias afetas porém distintas. Conforme observa Rocha (1988:56), as leis que criaram a Aneel e a ANP não conferiram poderes a essas agências para o controle das estruturas, o que afastaria desde logo a possibilidade de se as interpretar como conferindo às agências todas as atribuições na aplicação das normas de proteção à concorrência.

Isto posto, tem-se que o legislador brasileiro adotou o critério da complementaridade de competências entre agências reguladoras e autoridades de defesa da concorrência, deixando a cada entidade o dever de exercer as atribuições específicas que justificam a sua existência. De acordo com a visão hoje prevalecente, competiria aos órgãos de defesa da concorrência analisar os atos de concentração e reprimir os ilícitos contra a ordem econômica, enquanto aos órgãos reguladores caberia fiscalizar o desempenho das concessionárias e permissionárias no que tange ao cumprimento da legislação do setor e das metas estabelecidas nos contratos administrativos, bem como expedir atos normativos de caráter técnico visando a otimizar o seu funcionamento.

O entendimento do Cade sobre o tema tem sido no sentido de que, por um lado, a autoridade de defesa da concorrência não possui competência para rever escolhas de desenho estrutural do mercado feitas pelo legislador ordinário e pelas autoridades regulatórias. Por outro lado, a supramencionada limitação não afasta a competência do Cade para analisar os aspectos concorrenciais envolvidos no ato de concentração. Conforme observou o ex-conselheiro Celso Fernandes Campilongo, ao analisar operação realizada no setor de distribuição de gás canalizado:

> Evidentemente, sempre respeitados o interesse público e a "forma da lei", a competência para a definição da modelagem mais

adequada para o desempenho dessa atividade pertence ao Estado. Manter o monopólio ou outorgar concessões, introduzir a concorrência de modo gradual ou acelerado, criar o próprio órgão regulador ou desregulamentar o setor, por exemplo, são opções políticas que a Lei Maior reservou ao estado-membro. Invadir o âmbito de validade espacial da normatividade dos estados e pretender, na esfera federal, mitigar ou subverter esse poder seria incorrer em inadmissível inconstitucionalidade.

Ademais, os critérios de oportunidade e conveniência da administração estadual — orientados por determinações prefixadas nas condições do edital que deu origem à concentração — não podem ser ignorados ou alterados em nome de um modelo supostamente mais adequado e favorecedor da concorrência. Nos atos de concentração, mesmo decidindo de modo marcadamente prospectivo, o Cade atua vinculado às condições previstas em lei. O mesmo ocorre quanto às condutas anticoncorrenciais.[28]

Nesse sentido, nos atos de concentração em que foram analisados os processos de desestatização dos mercados de gás canalizado — de competência regulatória dos estados, nos termos do art. 25, §2º, da Constituição Federal — o CADE deitou os critérios de análise quanto à convivência entre competências das agências regulatórias e de defesa da concorrência, nos seguintes termos:

a) não pode o Cade, em face da atribuição aos estados da competência constitucional (art. 25, §2º) para a exploração dos serviços de gás canalizado, inovar, modificar ou criar regulação diversa daquela do agente com capacidade para tal; b) o Cade

---

[28] Ato de Concentração nº 08012.004550/99-11; requerentes: Integral Holding S.A., Companhia de Gás do Estado de São Paulo (Comgás); conselheiro-relator: Celso Fernandes Campilongo; julgado em 28 de março de 2001.

não é instância reguladora nem tampouco esfera administrativa de julgamento da regulação de terceiros; é, isto sim, órgão de adjudicação adstrito à matéria concorrencial; c) entre a atividade regulatória das agências setoriais e a função preventiva e repressiva desempenhada pelo Cade na defesa da livre concorrência há relação de complementaridade e não de exclusão ou de conflito de competências.[29]

Adicionalmente, não se pode perder de vista que, no caso, por se tratar de *serviço público*, no qual somente a exploração é delegada a terceiros (e não a titularidade, que constitui monopólio do poder público), a atuação da autoridade concorrencial relativamente ao controle estrutural mostra-se bastante reduzida, conforme já teve oportunidade de mencionar o então conselheiro Cleveland Prates:

> De todo exposto, entendo que dada a competência estadual para explorar os serviços locais de gás canalizado, e sendo estes serviços públicos, a sua regulamentação não pode ser objeto de revisão por este conselho. O estado da Federação, por determinação constitucional, dispõe de um poder tão amplo e extenso, que é capaz de afastar as normas concorrenciais. Dessa forma, é plenamente possível, sob o ponto de vista estritamente legal, a criação de verdadeiros "monopólios" de produção e prestação de serviço. Em contrapartida, é necessária a substituição do autocontrole do mercado pelo sistema regulamentar, que deve passar a estabelecer as variáveis relevantes a serem contratadas, devendo ser, inclusive, objeto de fiscalização constante pelo poder concedente.[30]

---

[29] Ato de Concentração nº 08012.004550/99-11; requerentes: Integral Holding S.A., Companhia de Gás do Estado de São Paulo (Comgás); conselheiro-relator: Celso Fernandes Campilongo; julgado em 28 de março de 2001.
[30] Voto de vista no Ato de Concentração nº 08012.005516/2001-11; requerentes: Agência Goiana de Gás Canalizado S.A. (Goiasgás), Gásgoiano S.A., Petrobras Gás S.A. (Gaspetro); julgado em 14 de julho de 2004.

No que tange a possíveis práticas de abuso do poder econômico cometidas por agentes atuantes em mercados regulados, uma efetiva investigação e repressão pelas autoridades antitruste tem muito a contribuir para o correto funcionamento do mercado. A esse respeito manifestou-se o ex-conselheiro Celso Campilongo em processo administrativo no qual se discutia a obrigatoriedade de canal aberto de televisão oferecer sinal de sua programação a empresa de televisão por assinatura via satélite, na ausência de norma regulatória dispondo especificamente sobre a matéria:

> Venho sublinhar que a atuação do Cade não pode ser entendida como a de verificação "em tese" da obrigatoriedade ou não de liberação do sinal por parte de concessionárias de radiodifusão, mas como a análise da licitude dessa conduta, praticada por empresa determinada, em face da Lei da Concorrência e diante de aspectos concretos tão peculiares como comprovam a riqueza dos autos.
>
> Com efeito, não cabe ao Cade invocar e, muito menos, criar norma geral que imponha obrigação à TV aberta e, a partir dela, oferecer interpretação alargando conceitos e inventando regras. Mas pode o Cade, como corolário de sua função legal, analisar situações concretas que tenham impactos concorrenciais, proferindo uma decisão com base, especialmente, nos artigos 20 e 21 da Lei da Concorrência.
>
> Por isso, *data maxima venia*, absolutamente imprópria qualquer aplicação, analógica ou teleológica, supostamente extensiva ou sistemática, pelo Cade, da legislação que regula um setor específico (TV a cabo), que conta com agente regulador próprio, máxime se contrária ou incompatível com a regulação ou interpretação que o mesmíssimo órgão competente oferece a outro setor (TV por satélite). Qualquer atuação do Cade, nesse sentido, ultrapassaria, em muito, sua competência, por si só já bas-

tante ampla, de adjudicação do direito da concorrência e invadiria, com indisfarçável ofensa à legalidade, competências regulatórias da Anatel, do Ministério das Comunicações ou do Poder Legislativo. (...)

Dito de outro modo: se é certo que o Cade não pode, com base em eventual construção hermenêutica laborada a partir da legislação de telecomunicações ou da "Lei do Cabo", resolver a pendência entre Globo e Directv, igualmente correto é que a Lei nº 8.884/94, desde que preenchidas as condições exclusivamente nela previstas, atribui ao Cade plenas competências para enfrentar e resolver a questão de uma perspectiva exclusivamente concorrencial.[31]

Portanto, nos casos de violação das normas do arcabouço jurídico concorrencial, as autoridades de defesa da concorrência atuam como uma espécie de "controle" das agências, como entes capazes de promover o reequilíbrio da ordem econômica em caso de morosidade e/ou omissão da autoridade reguladora pelos agentes econômicos. Essa atuação pode ser bastante saudável e tende a reduzir o risco de captura das agências reguladoras.

Questões de automonitoramento

1. Quais as vertentes de análise do direito da concorrência?
2. Qual a definição de ato de concentração e quais as três espécies existentes?
3. Em que espécies se classificam as práticas condenadas como infração da ordem econômica e em que se diferenciam?
4. Quais as entidades responsáveis pela análise de atos de concentração e qual a competência de cada uma?

---

[31] Voto de vista no Processo Administrativo nº 53500.000359/1999.

5. Quais as entidades com atribuição para análise de processos de conduta e qual a competência de cada uma?
6. Como ocorre a divisão de competências sobre matéria antitruste entre agência reguladora e autoridade de defesa da concorrência no ordenamento brasileiro?

2

Atos de concentração econômica: aspectos formais e metodologia de análise

Caso gerador

Em 1995, Colgate-Palmolive Company e sua subsidiária KAC Corporation adquiriram parte dos negócios de saúde bucal da American Home Products Corporation, numa operação de âmbito mundial.[32] No Brasil, os efeitos da operação consistiram na aquisição do negócio de saúde bucal do grupo American Home Products Corporation por meio da compra do controle acionário da Kolynos do Brasil Ltda. ("Kolynos").

A Kolynos, à época, era a líder nacional no segmento de creme dental e vice-líder em vendas no segmento de escova dental, com cerca de 52% e 20% de participação, respectivamente. A Kolynos tinha quatro linhas de produto de higiene bucal — creme dental, escova de dente, fio dental e enxaguante bucal.

---

[32] Os dados mencionados neste caso gerador foram obtidos no relatório relativo ao voto proferido pela conselheira Lucia Helena Salgado no Ato de Concentração nº 27/94; requerente: K&S Aquisições Ltda. (antiga denominação de Kolynos do Brasil Ltda.); julgado em 18 de setembro de 1996. A descrição apresenta apenas parte dos argumentos levantados ao longo do processo, tendo sido simplificada para fins didáticos.

A operação representou uma concentração horizontal, uma vez que a Colgate Ltda., empresa nacional pertencente ao grupo adquirente, também atuava no mercado de saúde bucal. A favor da aprovação sem restrições, o grupo adquirente argumentou, entre outros aspectos, que

- os clientes de ambos os agentes econômicos eram companhias de elevado poder financeiro, como as grandes redes atacadistas e supermercados, as quais seriam plenamente capazes de se opor a um eventual exercício abusivo de poder de mercado;
- as importações constituiriam efetiva concorrência potencial, pois as alíquotas do imposto de importação seriam baixas;
- haveria diversos grupos econômicos de porte significativo que poderiam ingressar tempestivamente no mercado em caso de um aumento excessivo de preços;
- a adquirente pretendia, com a operação, investir em pesquisa e desenvolvimento, bem como no aumento de eficiência da empresa adquirida, tanto em aspectos relativos a processo industrial quanto em modernização de embalagem, lançamento de novos produtos e melhoria de sua qualidade, o que traria inegáveis benefícios para o consumidor.

A Seae, em seu parecer técnico, salientou que o setor de saúde bucal se apresentava concentrado em nível mundial e que, em razão da sua essencialidade, os produtos em questão apresentariam baixa elasticidade. Além disso, as importações, apesar de crescentes, ainda seriam incipientes. De acordo com a Seae, uma vez que a estrutura das empresas no Brasil permaneceria separada após a operação (como teriam afirmado as partes envolvidas), não haveria sinergias capazes de compensar o incremento da concentração nos segmentos de creme e escova dental.

A SDE observou, em seu parecer, que a definição de mercado relevante do produto deveria seguir a divisão das linhas de produtos da empresa adquirida, uma vez que não havia substitutos disponíveis no mercado. No que tange ao mercado geográfico, definiu-o como nacional, em razão da pequena participação das importações.

Na análise empreendida pelas autoridades do sistema brasileiro de defesa da concorrência, a maior preocupação relacionou-se ao mercado de pasta de dentes, no qual a operação em comento geraria concentração de parcela significativa do mercado, devendo-se, então, avaliar a possibilidade potencial de futuro abuso de posição dominante.

Considerando as questões acima apresentadas, a conselheira-relatora do caso no Cade votou pela aprovação da operação de aquisição da Kolynos pela Colgate, no que concerne ao mercado relevante de creme dental, condicionada à adoção de uma das seguintes condições: a) suspensão temporária do uso da marca Kolynos; b) licenciamento exclusivo para terceiros da marca Kolynos; ou c) alienação da marca Kolynos.

À luz do que determina o direito brasileiro sobre atos de concentração às autoridades brasileiras de defesa da concorrência, responda:

1. Por que se fazia necessária a submissão da operação narrada às autoridades de defesa da concorrência, apesar de se tratar de operação global e não apenas no território nacional?
2. Quais os critérios que ensejam o dever de notificação, segundo a legislação brasileira?
3. Quais os procedimentos para a submissão de um ato de concentração e qual o prazo para a sua apresentação?
4. Quais os critérios envolvidos na definição de mercado relevante?
5. Quais as principais etapas de análise e quais as possíveis decisões do Cade relativamente a um ato de concentração que lhe tenha sido submetido?

6. Qual a natureza das soluções propostas pela conselheira-relatora como condições para a aprovação do ato em questão?

Roteiro de estudo

Por que controlar estruturalmente os mercados

A competição entre agentes econômicos não constitui uma decorrência necessária da "natureza" dos mercados,[33] mas antes pode ser atribuída ao resultado de uma política econômica, com suporte em normas jurídicas, a qual proíbe os agentes de adotarem condutas tendentes à monopolização ou de abusarem de eventual posição dominante que já possuam num determinado mercado.

A doutrina observa que, quanto maior o poder de mercado de um agente econômico, maior a probabilidade de que ele venha a se comportar como monopolista, reduzindo a oferta e aumentando preços. Em situações de *monopólio*, "o setor é a própria firma, porque existe um único produtor que realiza toda a produção", de forma que "a oferta da firma é a oferta do setor, e a demanda da firma é a demanda do setor".[34]

Dessa forma, o monopolista muitas vezes possui incentivos para se comportar de forma ineficiente, pois se encontra numa situação na qual pode aumentar o custo unitário de seu produto e reduzir a oferta, auferindo lucro por unidade produzida maior do que seria possível numa realidade competitiva.

A contrapartida do lucro supracompetitivo do monopolista é a transferência de renda do consumidor para o produtor, assim como a redução de bem-estar social, em razão da alocação

---

[33] Hovenkamp, 1999:3.
[34] Montoro Filho, 2001:182.

ineficiente de recursos. As teorias sobre monopólios e oligopólios aludem a perdas de bem-estar ou à criação de "peso morto", isto é, ao desperdício de recursos sociais que, em razão da formação ou fortalecimento de uma situação de poder de mercado, simplesmente se perdem. Considerem-se, a esse respeito, as unidades de bens que deixam de ser ofertadas no mercado pelo monopolista, gerando ineficiência não só alocativa, mas também produtiva.[35] Portanto, as condutas tendentes à monopolização são combatidas em decorrência de seu *efeito líquido negativo* sobre o bem-estar social.

Em vista dos efeitos deletérios observados nessas situações, a legislação procura coibir a formação de estruturas concentradas de poder econômico, atuando preventivamente. É por essa razão que determinadas operações, tais como fusões, aquisições, constituições conjuntas de empresas e *joint ventures*, precisam ser submetidas ao crivo das autoridades de defesa da concorrência. Trata-se dos atos de concentração, cujos principais aspectos apresentar-se-ão a seguir.

Atos de concentração e poder de mercado

Em mercados que se aproximam do modelo de monopólio, os preços são ditados unilateralmente pelo fabricante ou vendedor, o qual, numa perspectiva racional maximizadora, termina por fixá-los em níveis superiores aos que se vislumbrariam numa realidade competitiva, ao mesmo tempo em que restringe a oferta.

Nessa situação, ocorre uma perda de bem-estar total para a sociedade (*dead weight loss*). Stiglitz e Wash (2003:223) alu-

---

[35] Segundo Stiglitz e Walsh (2003:173), "para que uma economia seja eficiente no sentido de Pareto precisa também ter eficiência da produção. Ou seja, é preciso que não seja possível produzir mais de um bem sem que isso implique produzir menos de outro bem".

dem a quatro "grandes fontes de ineficiência" dos monopólios e demais situações de concorrência imperfeita, quais sejam: a) a restrição no volume produzido; b) a acomodação gerencial; c) a redução dos níveis ou negligência nos investimentos em pesquisa; e d) a busca de renda supracompetitiva.

Já em mercados que se aproximam do modelo de concorrência perfeita, os preços são resultado (ou função) da interação dos agentes no mercado, de forma que os produtores não conseguem cobrar preços supracompetitivos. Conforme sintetizaram Stiglitz e Walsh (2003:169), "o preço e a quantidade de equilíbrio em um mercado competitivo levam ao nível mais alto possível de excedente total".

No entanto, as conclusões acima devem ser compreendidas com ressalvas, pois nem todo monopólio é ineficiente e nem toda posição dominante permite ao agente econômico o seu exercício abusivo. Por conseguinte, nem toda operação de concentração que gere incremento de participação de mercado deve ser rechaçada.[36]

É preciso considerar, entre outros fatores, que o poder de mercado do agente econômico, ou seja, a sua capacidade de adotar uma estratégia monopolística, sem perda de receita, depende fundamentalmente da *elasticidade da demanda* do produto ofertado.[37]

---

[36] De fato, nem todos os monopólios são intrinsecamente ineficientes. A esse respeito, há de se reconhecer a legitimidade dos monopólios que decorrem de avanços tecnológicos, como no caso de uma firma que lança um produto inovador, superior aos disponíveis no mercado, de forma que, ao menos num primeiro momento, não haverá substituto equivalente para fazer-lhe concorrência. A legislação brasileira expressamente reconhece a legitimidade da posição dominante obtida em razão de processo natural de ganho de eficiências, conforme o art. 20, §1º, da Lei nº 8.884/94: "a conquista de mercado resultante de processo natural fundado na maior eficiência de agente econômico em relação a seus competidores não caracteriza o ilícito previsto no inciso II".

[37] Stiglitz e Walsh (2003:368) definem elasticidade-preço da demanda como "a mudança percentual na quantidade demandada de um bem que resulta de uma mudança de 1% no preço (mudança percentual da quantidade dividida por mudança percentual do preço)".

Caso a elasticidade de demanda seja elevada, os consumidores se mostrarão sensíveis a variações de preço, modificando seus hábitos de consumo para adquirir um produto substituto. Todavia, caso a elasticidade seja baixa, a firma poderá cobrar preços supracompetitivos sem experimentar perda significativa de demanda.

Na análise de atos de concentração também é preciso considerar o nível de contestabilidade do mercado afetado pelo ingresso de novos agentes, na hipótese de um aumento significativo e não-transitório de preços, praticado após um ato de concentração.

Assim, a autoridade antitruste, a partir da definição do mercado relevante da operação e do poder econômico[38] detido pelas partes envolvidas antes e após o ato, bem como dos efeitos pretendidos ou potencializados com a concentração econômica evidenciada, pode concluir se existe o risco de produção de efeito líquido negativo sobre o bem-estar social, a justificar restrições (ou mesmo a vedação da operação), ou, contrariamente, se há ganhos de eficiência que justifiquem sua aprovação incondicional.

Portanto, por meio do controle dos atos de concentração, as autoridades de defesa da concorrência buscam evitar, na sua origem, a formação de posições dominantes que possam ser utilizadas abusivamente no futuro, com inegáveis efeitos deletérios para a sociedade.

Por fim, há de se observar, ainda, que as condutas anticompetitivas são geralmente de difícil prova, de forma que

---

[38] Para uma definição de poder econômico, segundo Bruna (2001), ver nota 1. Ainda de acordo com esse autor, o significado de "poder econômico" não deve ser reduzido apenas à possibilidade de o agente determinar preços unilateralmente. Embora essa seja a sua manifestação mais corrente, também é possível vislumbrar-se poder naquele que controla critérios como quantidade ou qualidade de produtos ofertados no mercado. Deve-se ainda observar que o poder econômico deve ser entendido como uma questão de grau, sendo a sua análise sempre relativa e dependente da estrutura peculiar de cada mercado.

vultosos recursos sociais são mobilizados até que haja uma conclusão das investigações e a punição dos infratores, devendo-se também considerar, no caso brasileiro, que as condenações na esfera administrativa são muitas vezes submetidas à apreciação do Poder Judiciário — em razão do princípio constitucional da inafastabilidade do controle do Poder Judiciário[39] —, o que pode retardar a eficácia do controle das condutas. Dessa forma, justifica-se a necessidade do controle estrutural dos mercados, paralelamente ao aspecto repressivo inerente à tutela da concorrência.

Os atos de concentração de empresas: definição, classificação e critérios de submissão

A definição de ato de concentração adotada pela legislação brasileira encontra-se no art. 54, *caput*, da Lei nº 8.884/94, o qual dispõe que "os atos, sob qualquer forma manifestados, que possam limitar ou de qualquer forma prejudicar a livre concorrência, ou resultar na dominação de mercados relevantes de bens ou serviços, deverão ser submetidos à apreciação do Cade".

O §3º desse mesmo artigo, por sua vez, determina serem passíveis de notificação os atos nos quais pelo menos um dos grupos econômicos envolvidos tenha apresentado faturamento, no último exercício fiscal, superior a R$ 400 milhões, ou que detenha (ou passe a deter em decorrência da operação) participação superior a 20% do mercado relevante.

Historicamente, a jurisprudência do Cade vinha entendendo que, para fins de aplicação do critério do faturamento, dever-se-ia perquirir sobre o faturamento de todo o grupo eco-

---

[39] Art. 5º, XXXV, da Constituição Federal de 1988.

nômico no plano internacional, independentemente do mercado geográfico afetado pela operação. Essa amplitude na interpretação do critério vinha tendo por efeito que fosse exigida a notificação de diversas operações que não apresentavam, sequer potencialmente, risco de dano à concorrência no território brasileiro.

Todavia, a partir da decisão proferida em 19 de janeiro de 2005 no ato de concentração envolvendo ADC Telecommunications, Inc. e Krone International Holding Inc., operou-se profunda modificação na jurisprudência do Cade, a qual passou a restringir o critério do faturamento àquele auferido apenas no território nacional.

Esse entendimento foi adotado em decorrência de um estudo dos precedentes da autarquia relativos a atos de concentração, tendo-se observado que praticamente todos os casos notificados unicamente em razão do faturamento no plano internacional haviam sido aprovados sem qualquer restrição, justamente porque não apresentavam sequer potencialidade de dano à concorrência.[40] Conforme dispõe a Súmula nº 1 da jurisprudência do Cade,

---

[40] Sobre a mudança de interpretação do critério do faturamento presente no art. 54 da Lei nº 8.884/94, veja-se teor de nota do Cade à imprensa datada de 19 de janeiro de 2005: "o conselheiro Roberto Pfeiffer verificou que, do total de atos de concentração aprovados com alguma restrição pelo Conselho do Cade nos últimos três anos (2002, 2003 e 2004), apenas em um deles, de um total de 67, as requerentes apresentavam faturamento bruto em território nacional e participação em mercado relevante nacional inferiores a R$ 400 milhões e 20%, respectivamente. E mesmo neste caso, a condição imposta à aprovação da operação referia-se à redução de cláusula contratual de não-concorrência para cinco anos, determinação efetiva independentemente dos efeitos da operação no ambiente concorrencial. Assim, entendeu o conselheiro que seria possível afirmar que em todas as operações que sofreram restrições em razão de produzirem efeitos anticoncorrenciais, o faturamento das empresas no Brasil era igual ou superior a R$ 400 milhões, ou havia concentração de mercado acima de 20%. Em outras palavras, no período analisado pelo conselheiro Roberto Pfeiffer, jamais se observou qualquer impacto anticoncorrencial de operação entre empresas com faturamento inferior a R$ 400 milhões no território brasileiro ou que concentrassem parcela inferior a 20% do mercado relevante envolvido". Disponível em: <www.cade.gov.br/noticias/adctele.asp>. Acesso em: 20 ago. 2005.

Na aplicação do critério estabelecido no art. 54, §3º, da Lei nº 8.884/94, é relevante o faturamento bruto anual registrado exclusivamente no território brasileiro pelas empresas ou grupo de empresas participantes do ato de concentração.[41]

Cumpre a esse respeito esclarecer que o critério do faturamento não é o único previsto na legislação brasileira, embora seja o mais freqüentemente invocado. De fato, ainda quando não atinjam o critério do faturamento, operações ocorridas no plano internacional, com efeitos no Brasil, envolvendo empresas com participação superior a 20% do mercado relevante deverão ser submetidas, pois a presença de apenas um dos critérios mencionados no art. 54, §3º, da Lei nº 8.884/94 já se mostra suficiente para ensejar o dever de notificação.[42]

Os atos de concentração classificam-se em *horizontais, verticais* e *conglomerados*. Conforme esclarecem Oliveira e Rodas (2004:77):

> Os atos de concentração horizontais são aqueles cujos participantes concorrem em um mesmo mercado. Os atos de concentração verticais são aqueles cujos participantes não concorrem entre si, mas têm uma relação de fornecedor-produtor-cliente em uma mesma cadeia produtiva. As conglomerações envolvem atos entre empresas que não concorrem em um mesmo mercado, nem tampouco mantêm relação vertical.

A Resolução Cade nº 15/98 apresenta as seguintes definições de relações horizontais e verticais:

---

[41] *Diário Oficial da União*, 18 out. 2005. Seção 1, p. 49.
[42] Deve-se, entretanto, observar que o critério de participação de mercado é alvo de críticas, pois na tentativa de escapar do dever de notificação ou da caracterização de uma posição dominante é comum que requerentes em atos de concentração apresentem uma visão ampliada do que seria o mercado relevante da operação, nele incluindo produtos cuja substituibilidade, na perspectiva do consumidor, apresenta-se duvidosa.

ocorre uma relação horizontal quando duas ou mais empresas atuam num mesmo mercado como vendedoras de produtos similares (leia-se substitutos) ou quando duas ou mais empresas atuam num mercado como compradoras.

(...) ocorre uma relação vertical quando uma empresa opera como vendedora no mercado de insumos de outra, mesmo não havendo relação comercial entre elas.

Taxa processual

A submissão de atos de concentração às autoridades de defesa da concorrência deve ser precedida do pagamento da taxa processual, no valor total de R$ 45 mil. Nos termos da Portaria Conjunta Seae/SDE/Cade nº 26, de 22 de dezembro de 2004, o depósito deve ser realizado mediante apresentação da Guia de Recolhimento da União, a ser impressa a partir da página eletrônica da Secretaria do Tesouro Nacional.

O momento da notificação

Nos termos do art. 54, §4º, da Lei nº 8.884/94, a notificação de um ato de concentração deve ser protocolada na Secretaria de Direito Econômico,[43] em três vias,[44] dentro de 15 dias úteis, contados da data da *realização* da operação.

---

[43] Exceto para os atos de concentração ocorridos no setor de telecomunicações, os quais devem ser protocolizados, em duas vias, na Agência Nacional de Telecomunicações (Anatel), conforme o art. 7º, *caput*, §§1º e 2º, da Lei nº 9.472/97, de 16 de julho de 1997, e a Norma no 07/1999, anexa à Resolução no 195, de 7 de dezembro de 1999.

[44] Nos termos do art. 38, §2º, da Portaria SDE nº 04, de 5 de janeiro de 2006: "caso o ato de concentração esteja relacionado a algum setor cujas atividades sejam objeto de regulação econômica por agência setorial, as requerentes deverão fornecer uma via adicional do requerimento, o qual será enviado pela Secretaria de Direito Econômico à respectiva agência reguladora, a fim de que esta, em querendo, emita parecer sobre a operação sob análise, no prazo máximo de 15 dias, salvo norma especial ou comprovada necessidade de maior prazo".

Ao regulamentar a matéria, o art. 98 da Resolução Cade nº 45/07 determinou: "considerar-se-á como o momento da realização do ato, para fins de cumprimento dos §§4º e 5º do art. 54 da Lei nº 8.884/94, a data da celebração do *primeiro documento vinculativo*".

Existe controvérsia sobre se a referida exigência de notificação a partir do "primeiro documento vinculativo" seria ilegal em face do art. 54, §4º, da Lei nº 8.884/94, uma vez que, em operações complexas (que se desenvolvem em várias etapas), nem sempre a assinatura do primeiro documento vinculativo coincidiria com o momento de "realização da operação", que é a dicção da lei. Por outro lado, a lei permite a apresentação de ato previamente à sua realização, havendo inclusive previsão de tratamento confidencial nesses casos.[45]

De acordo com o art. 54, §5º, da Lei nº 8.884/94, a multa por intempestividade na notificação de ato de concentração varia desde 60 mil Ufirs a 6 milhões de Ufirs, sendo a dosimetria da pena calculada na forma da Resolução nº 36, de 19 de maio de 2004.

Cumpre esclarecer que, no Brasil, a legislação não exige a submissão prévia dos atos de concentração, uma vez que a própria lei determina o prazo de 15 dias úteis, "contados da sua realização".

Também é importante tomar em consideração que, em princípio, a mera submissão da operação não suspende a eficácia do ato notificado. Isso significa que, exceto quando seja imposta medida cautelar ou celebrado acordo de preservação da reversibilidade da operação (o qual será comentado adiante), em regra as partes podem concluir todas as etapas necessárias ao fechamento da operação (por exemplo, compartilhando

---

[45] Ver, nesse sentido, o art. 40 da Resolução nº 4, de 5 de janeiro de 2006, o qual dispõe sobre o processamento de requerimento prévio de aprovação de atos de concentração no âmbito da Secretaria de Direito Econômico.

ativos, transferindo ações e adotando administração comum), ainda enquanto o ato esteja em análise nas autoridades antitruste. Dispõe o art. 54, §7º, da Lei nº 8.884/94:

> A eficácia dos atos de que trata este artigo condiciona-se à sua aprovação, caso em que retroagirá à data de sua realização; não tendo sido apreciados pelo Cade no prazo estabelecido no parágrafo anterior, serão automaticamente considerados aprovados.

A interpretação conferida à referida norma é que a aprovação pelo Cade pode vir a constituir condição resolutiva da operação, ou seja, o ato produz efeitos desde a sua ocorrência, podendo virem a cessar em caso de ordem de desconstituição. Conforme apontam Oliveira e Rodas (2004:116), o referido mecanismo pode se revelar ineficiente porque:

- eventuais prejuízos à concorrência podem ser concretizados enquanto o ato ainda se encontra em análise;
- o custo de uma eventual desconstituição tende a se elevar em razão da necessidade de desfazer uma série de operações derivadas do ato original;
- aumenta-se a insegurança jurídica, uma vez que, até a decisão do Cade, apresenta-se limitada a eficácia conferida ao ato notificado.

A notificação às autoridades de defesa da concorrência é realizada basicamente por meio do preenchimento do formulário do Anexo 1 à Resolução Cade nº 15/98, o qual exige informações detalhadas sobre os agentes participantes da operação, o grupo econômico que integram, os mercados em que atuam, a operação realizada, o mercado relevante, fornecedores, clientes e concorrentes, as eficiências vislumbradas com a operação e a presença de importações independentes no mercado relevante. Ao formulário devem ser anexados os documentos relativos à operação, os relatórios anuais dos agentes econômicos e o comprovante do pagamento da taxa processual, entre outros.

Por fim, cumpre mencionar que a Súmula nº 2 da jurisprudência do Cade dispõe sobre aquisição de participação minoritária de capital votante por agente econômico já detentor de posição majoritária, nos seguintes termos:

> A aquisição de participação minoritária sobre capital votante pelo sócio que já detenha posição majoritária não configura ato de notificação obrigatória (art. 54 da Lei nº 8.884/94) se concorrerem as seguintes circunstâncias: (i) o vendedor não detenha poderes decorrentes de lei, estatuto ou contrato de (i.a) indicar administrador; (i.b) determinar política comercial ou (i.c) vetar qualquer matéria social; e (ii) do(s) ato(s) jurídico(s) não constem cláusulas (ii.a) de não-concorrência com prazo superior a cinco anos e/ou abrangência territorial superior à de efetiva atuação da sociedade objeto e (ii.b) de que decorra qualquer tipo de poder de controle entre as partes após a operação.[46]

Assim, as aquisições de participação societária minoritária que preencherem os requisitos previstos na Súmula nº 2 não necessitarão ser submetidas à aprovação das autoridades de defesa da concorrência com base no art. 54 da Lei nº 8.884/94.

Análise de atos de concentração horizontal

A SDE e a Seae elaboraram o *Guia para análise econômica de atos de concentração horizontal*,[47] o qual adota como critério básico de análise a possibilidade de produção de efeito líquido

---

[46] *Diário Oficial da União*, 27 de agosto de 2007. Seção 1, p. 28.
[47] Portaria Conjunta Seae/SDE nº 50, de 1º de agosto de 2001.

negativo sobre o bem-estar, conforme se observa na seguinte passagem:

> 13. Critério geral. Se, por um lado, o exercício de poder de mercado reduz o bem-estar econômico, os eventuais incrementos de produtividade, melhorias na qualidade, maior diversidade de produtos, entre outros possíveis efeitos da concentração, representam um aumento de bem-estar econômico. A Seae e a SDE estabelecerão como critério básico para a emissão de um parecer favorável à operação os atos que tenham um *efeito líquido não-negativo* sobre o bem-estar econômico.

De acordo com o guia, geram efeito líquido não-negativo os atos de concentração que:

- não geram o controle de uma parcela substancial do mercado;
- geram o controle de uma parcela substancial do mercado em um mercado no qual seja improvável o seu exercício;
- geram o controle de parcela substancial de um mercado no qual seja provável o exercício do poder de mercado, mas cujos potenciais efeitos negativos, derivados da possibilidade de exercício do poder de mercado, não sejam superiores aos potenciais incrementos de bem-estar gerados pela concentração.

O *Guia para análise econômica de atos de concentração horizontal* define exercício de poder de mercado como:

> O ato de uma empresa unilateralmente, ou de um grupo de empresas coordenadamente, aumentar os preços (ou reduzir quantidades), diminuir a qualidade ou a variedade dos produtos ou serviços, ou ainda reduzir o ritmo de inovações com relação aos níveis que vigorariam sob condições de concorrência irrestrita, por um período razoável de tempo, com a finalidade de aumentar seus lucros.

As variáveis que afetam a probabilidade de exercício de poder de mercado são:

- importações;
- possibilidade de entrada de novos agentes;
- efetiva rivalidade;
- outros fatores que favoreçam a coordenação de decisões.

De acordo com o guia, é improvável o exercício de poder de mercado quando:

- as importações forem um remédio efetivo contra o exercício do poder de mercado;
- a entrada for provável, tempestiva e suficiente;
- a rivalidade entre as empresas existentes no mercado for efetiva.

Adicionalmente, deve-se observar se existe um nexo causal entre a operação e o controle de parcela substancial de mercado ou a existência de condições que favoreçam o exercício de poder de mercado. As secretarias podem, ainda, realizar um juízo quanto aos possíveis efeitos da operação sobre a economia como um todo.

No que tange às eficiências econômicas, a jurisprudência tem exigido que sejam específicas, ou seja, decorrentes daquela operação apresentada, e que não poderiam ser obtidas de outra forma.[48]

As etapas de análise pelas autoridades consistem em:

- definição do mercado relevante;
- determinação da parcela de mercado sob controle das empresas requerentes;

---

[48] Ver, entre outros, o Ato de Concentração nº 08012.001697/2002-89; requerentes: Nestlé Brasil Ltda. e Chocolates Garoto S.A.

❑ exame da probabilidade de exercício de poder de mercado;
❑ análise das eficiências econômicas geradas pelo ato;
❑ avaliação da relação entre custos e benefícios derivados da concentração e emissão de parecer final.

Após terem sido percorridas as cinco etapas acima, quando as eficiências vislumbradas forem iguais ou superiores aos custos — ou seja, verificar-se um *efeito líquido não-negativo* em decorrência da operação —, o parecer deverá ser pela sua aprovação. Cumpre esclarecer, a esse respeito, que nem todos os atos de concentração precisam ser submetidos aos cinco estágios de análise. Assim, se um ato não gerar concentração de parcela significativa de mercado, poderá receber parecer favorável já ao final da segunda etapa. Já aqueles que ocasionarem significativa concentração, porém num mercado no qual o exercício de poder econômico seja improvável, deverão receber parecer igualmente favorável ao final da terceira etapa, e assim sucessivamente.[49]

Definição do mercado relevante

A legislação brasileira, em consonância com diversos países que possuem legislação sobre a matéria, adota uma dupla perspectiva de análise para a caracterização do mercado relevante: o *produto* ou *serviço* afetado; e a *área geográfica* atingida pelo ato de concentração. De acordo com Salomão Filho (2002:98), a correta definição do mercado relevante exigiria, ainda, a consideração da *dimensão temporal*, a qual, todavia, já

---

[49] Alguns atos, inclusive, dada a presunção de ausência de potencial lesivo, podem ser sumariamente aprovados, após uma análise perfunctória por parte das autoridades. Visando conferir celeridade ao sistema, foi promulgada a Portaria Conjunta Seae/SDE nº 01, de 18 de fevereiro de 2003, a qual apresenta o rol de operações que poderão ser analisadas sob o rito sumário.

apareceria de forma implícita na análise tradicional, ao se perquirir a existência de barreiras à entrada.

As definições de mercado relevante do produto e de mercado relevante geográfico encontram-se no Anexo V à Resolução Cade nº 15/98, nos seguintes termos:

> um mercado relevante do produto compreende todos os produtos/serviços considerados substituíveis entre si pelo consumidor devido às suas características, preços e utilização. Um mercado relevante do produto pode eventualmente ser composto por um certo número de produtos/serviços que apresentam características físicas, técnicas ou de comercialização que recomendem o agrupamento.
>
> (...) um mercado relevante geográfico compreende a área em que as empresas ofertam e procuram produtos/serviços em condições de concorrência suficientemente homogêneas em termos de preços, preferências dos consumidores, características dos produtos/serviços. A definição de um mercado relevante geográfico exige também a identificação dos obstáculos à entrada de produtos ofertados por firmas situadas fora dessa área. As firmas capazes de iniciar a oferta de produtos/serviços na área considerada após uma pequena mas substancial elevação dos preços praticados fazem parte do mercado relevante geográfico. Nesse mesmo sentido, fazem parte de um mercado relevante geográfico, de modo geral, todas as firmas levadas em conta por ofertantes e demandantes nas negociações para a fixação dos preços e demais condições comerciais na área considerada.

O *Guia para análise econômica de atos de concentração horizontal* adota o teste do monopolista hipotético para fins de aferição do mercado relevante, o qual é definido nos seguintes termos:

Segundo o teste do "monopolista hipotético", o mercado relevante é definido como o menor grupo de produtos e a menor área geográfica necessários para que um suposto monopolista esteja em condições de impor um "pequeno porém significativo e não transitório" aumento de preços.

Para a definição do mercado relevante, devem ser considerados os seguintes elementos:

- identificação das relações de concorrência;
- fungibilidade dos produtos, isto é, o conjunto de produtos que são observados como satisfazendo equivalentemente a vontade do consumidor;
- elasticidade cruzada da oferta e da demanda;[50]
- hábitos do consumidor;
- custo de transporte;
- características do produto (intensivo em tecnologia, força da marca etc.);
- incentivos de autoridades locais à produção ou comercialização;
- barreiras à entrada de novos agentes.[51]

---

[50] A conselheira-relatora Lúcia Helena Salgado, em seu voto no Ato de Concentração nº 27/94, observou: "esta conselheira considera adequada à prática brasileira a abordagem das agências antitruste norte-americanas que enfatizam a elasticidade da demanda em detrimento da oferta. Tal opção implica enfatizar o papel do consumidor como foco do poder de mercado, posto que é sobre ele que o poder é exercido e são suas reações e alternativas que contam para identificar o grau de poder de mercado envolvido no caso em análise. A oferta é corretamente tratada em seguida à delimitação das fronteiras do mercado relevante, com a identificação dos integrantes no mercado e da concentração e sua estrutura. Posteriormente são discutidas as condições de entrada e, por conseguinte, os participantes potenciais". Dessa forma, a conselheira considerou haver, no caso gerador apresentado, quatro mercados relevantes distintos, "pela ausência de substitutos comerciáveis para cada uma das linhas de produto, quais sejam, creme dental, escova dental, fio dental e enxaguante".
[51] Forgioni, 1998.

Gesner Oliveira e João Grandino Rodas (2004:122), ex-presidentes do Cade, apresentam a seguinte lista de aspectos que constituem barreiras à entrada:

- economias de escala;
- economias de escopo;
- requisitos de capital mínimo para a entrada elevados, tanto para a produção quanto para a distribuição;
- fatores institucionais como tarifas, cotas e regulações sanitárias;
- tecnologia de difícil acesso, inclusive protegidas por patentes;
- custo de aprendizado;
- acesso difícil a matérias-primas;
- grau de fidelidade do consumidor à marca;
- parcela de custos irrecuperáveis.

A análise das barreiras supramencionadas permite aferir se o mercado em questão é contestável pela concorrência potencial, ou seja, pelo ingresso de novas firmas, no caso de um aumento significativo de preços no momento pós-concentração.

Para que a entrada possa ser considerada na definição de um mercado relevante é preciso que ela se apresente *tempestiva*, *suficiente* e *provável*. A tempestividade diz respeito ao tempo necessário ao ingresso do agente no mercado; a suficiência exige que essa entrada permita o retorno dos preços para os níveis pré-fusão; e a probabilidade requer que a entrada se prove rentável no longo prazo, sendo praticados os preços vigentes antes do ato de concentração que apresenta efeitos anticoncorrenciais.[52]

Determinação da parcela de mercado sob controle das empresas requerentes

Uma vez definido o mercado relevante, a autoridade antitruste analisará quais as participações de mercado detidas

---

[52] Oliveira e Rodas, 2004:123.

pelas empresas requerentes antes e após a operação. Para essa aferição, o *Guia para análise econômica de atos de concentração horizontais* determina a verificação do coeficiente *C4* do mercado após a operação, obtido por meio da soma aritmética das participações de mercado dos quatro agentes com maior parcela de mercado.

De acordo com a mencionada norma, a Seae e a SDE considerarão que uma concentração gera o controle de parcela de mercado suficientemente alta para viabilizar o exercício coordenado do poder de mercado sempre que o *C4* após a operação for igual ou superior a 75% e o agente econômico, em decorrência da operação, experimente incremento na sua participação de mercado superior a 10%.

O índice Herfindahl-Hischman (HHI) também serve de instrumento para aferição do grau de concentração de um mercado. O HHI é constituído da soma dos quadrados das participações de mercado de todas as firmas que nele atuam.

De acordo com esse critério, mercados nos quais, após o ato de concentração, HHI < 1.000, seriam pouco concentrados, permitindo a aprovação da operação sem restrições.

Já mercados com 1.000 < HHI < 1.800 seriam considerados mercados moderadamente concentrados, mas as operações tenderiam a ser aprovadas sem restrições sempre que a elevação do índice, em decorrência da operação, fosse inferior a 100.

Finalmente, mercados com HHI > 1.800 seriam considerados altamente concentrados, podendo as operações de concentração ser aprovadas somente se o incremento de participação dos agentes envolvidos, após a operação, for inferior a 50. Entre 50 e 100, as autoridades avaliarão as características peculiares do mercado, tais como potenciais entrantes, barreiras à entrada, poder de mercado dos clientes etc. Caso o aumento do HHI seja superior a 100, dificilmente a operação será aprovada, pois incidirá a presunção de que tais operações tendem a gerar poder de mercado ou a permitir o seu exercício.[53]

A doutrina observa que a superioridade do índice HHI sobre o C4 residiria no fato de ele espelhar a distribuição das participações de mercado entre os agentes envolvidos. O C4, por exemplo, seria incapaz de captar a diferença entre um mercado onde os quatro principais agentes detenham 20% cada um e outro onde o agente dominante possuísse 50% do mercado, e os demais, 10% cada, embora este último se apresente significativamente mais concentrado.

Hovenkamp (1999:513) esclarece que o C4 é um índice decorrente da teoria dos cartéis, ao passo que o índice HHI decorreria da primazia conferida à teoria sobre oligopólios não-cooperativos. Assim, de acordo com Hovenkamp, a utilização de um ou outro índice dependeria das presunções de comportamento dos mercados eleitas na origem, e não de uma superioridade imanente a um deles.

No Brasil, em que pese à legislação aludir ao C4 como índice a ser utilizado na análise antitruste, o HHI é também por vezes considerado pelas autoridades. É preciso mencionar, em todo caso, que o Brasil apresenta uma realidade de mercados concentrados, fruto de sua história de pouca efetividade das políticas de defesa da concorrência (apesar de o Cade existir formalmente desde a promulgação da Lei nº 4.137/62), bem como das dimensões relativamente reduzidas de nossos mercados. A esse respeito, observou a então conselheira do Cade Lúcia Helena Salgado em 1996:

> Em qualquer mercado, há duas fontes básicas de competição: os produtores existentes e os entrantes potenciais. O número de vendedores atuais é dado pelas economias de escala e pelas

---

[53] Hovenkamp, 1999:517.

condições de entrada. O tamanho do mercado é o fator-chave subjacente. A forte concentração da indústria brasileira, de modo geral, é função do tamanho reduzido dos mercados frente às escalas mínimas de produção. É um retrato do passado da estrutura industrial brasileira. A expansão do mercado pela inclusão de novos consumidores e aumento da renda disponível, a abertura comercial, a mudança do foco das empresas instaladas em direção ao mercado externo, além das mudanças tecnológicas e organizacionais que respondem pela reestruturação por que passa a indústria podem, em tese, levar a alterações no perfil da indústria.[54]

Probabilidade de exercício de poder de mercado

Na análise de atos de concentração, uma vez definidos o mercado relevante e a participação dos agentes envolvidos antes e após a operação, o passo seguinte é analisar a probabilidade de exercício de poder de mercado.

De acordo com o guia anteriormente referido, é *improvável* o exercício de poder de mercado quando:

❏ as importações forem um remédio efetivo contra o exercício do poder de mercado;
❏ a entrada for provável, tempestiva e suficiente;
❏ a rivalidade entre as empresas no mercado for efetiva.

Portanto, sempre que, em vista de um pequeno porém não transitório aumento de preços pós-concentração, for esperado um movimento de incremento das importações, ingresso de novos agentes ou aumento da participação de mercado dos concorrentes, a operação poderá ser aprovada, pois não será eco-

---

[54] Trecho do voto da conselheira-relatora no Ato de Concentração n° 27/94.

nomicamente racional, para esse agente, exercer de forma abusiva posição dominante.

Eficiências

Conforme visto, mesmo em caso de ser provável o exercício de poder de mercado após uma operação, será necessário analisar ainda se as eficiências decorrentes do ato superam eventuais perdas de bem-estar decorrentes da concentração. Segundo a definição constante do guia Seae/SDE, "são eficiências econômicas da concentração as melhorias nas condições de produção, distribuição e consumo de bens e serviços gerados pelo ato, que não possam ser obtidos de outra maneira ('eficiências específicas' do ato) e que sejam persistentes a longo prazo".

A Resolução Cade nº 15/98, por sua vez, apresenta-as nos seguintes termos: "entende-se por eficiências aquelas reduções de custos de qualquer natureza, estimáveis quantitativamente e *intrínsecas* ao tipo de operação de que se trata, que não poderiam ser obtidas apenas por meio de esforço interno".

De ambas as definições extrai-se que a autoridade antitruste somente considerará a produção de eficiências, para efeitos de aprovação de um ato de concentração, quando as requerentes lograrem demonstrar ser a concentração meio essencial para a obtenção das referidas eficiências, isto é, quando restar assente que, a não ser por meio do ato notificado, tais eficiências não se verificariam. Dessa forma, sempre que os benefícios alegados puderem ser obtidos de forma diversa — por exemplo, por meio do crescimento interno de cada empresa —, as eficiências alegadas não serão consideradas suficientes para justificar a aprovação do ato.

De acordo com a jurisprudência do Cade,[55] para que uma operação com potencial de reforçar poder de mercado seja

---

[55] Voto do conselheiro-relator Thompson Andrade no Ato de Concentração nº 08012.001697/2002-89, Nestlé Brasil Ltda. e Chocolates Garoto S.A., p. 36.

aprovada, faz-se necessário que as eficiências dela decorrentes obedeçam aos seguintes critérios:

- sejam específicas da operação;
- sejam razoavelmente demonstradas;
- não sejam meramente pecuniárias (meros repasses de recursos entre agentes);
- compensem integralmente os riscos para a concorrência;
- sejam distribuídas eqüitativamente entre concorrentes e empresas envolvidas.

Relação entre custos e benefícios decorrentes de um ato de concentração

A análise de atos de concentração com potenciais efeitos anticoncorrenciais exige a consideração de dois critérios básicos para se concluir sobre a possibilidade de sua aprovação: a) se a operação propiciará aumento de bem-estar total; e b) se é esperado um aumento de preços em decorrência da sua concretização. A esse respeito, observam Oliveira e Rodas (2004:125):

> A legislação é clara ao estabelecer que os benefícios das eficiências compensatórias que justificam a aprovação da operação devem ser divididos com os consumidores. Contudo, não há uma definição precisa de como fazer este compartilhamento dos ganhos oriundos de uma operação. Para entender este ponto, convém lembrar que os benefícios de um ato de concentração estão associados à redução de custo; por seu turno, as perdas estão associadas à elevação de preços propiciada pelo maior poder de mercado das empresas fusionadas após a operação.

A teoria econômica alude a dois critérios para se concluir sobre a possibilidade de aprovação de um ato de concentração com potencial para restringir a concorrência: o critério de Williamson e o critério do *price standard*.[56]

De acordo com o primeiro, a teoria antitruste guarda uma preocupação intrínseca com a busca da *maximização total* do bem-estar social, englobando indistintamente os excedentes do produtor e do consumidor, os quais podem ser definidos nos seguintes termos:

❑ o *excedente do consumidor* refere-se ao valor, acima daquele efetivamente pago, que um consumidor estaria disposto a pagar por uma unidade de determinado produto para viabilizar o seu consumo. O total desse excedente pode ser definido como a soma das diferenças relativamente a cada consumidor individual, calculada a partir da curva de demanda do produto em questão;[57]

❑ o *excedente do produtor*, por sua vez, alude à diferença entre a curva da oferta e o preço de mercado. Dessa forma, pelo modelo de Williamson, os atos de concentração que propiciem aumento de preço ao consumidor podem ser aprovados, desde que a decorrente perda de bem-estar do consumidor seja integralmente compensada por uma redução dos custos do produtor.

Já para a corrente que adota o critério do *price standard*, a aprovação de um ato de concentração exigiria sempre que *não* houvesse risco de redução do excedente do consumidor no momento pós-operação.

De acordo com Oliveira e Rodas (2004:127), "a legislação [brasileira] não é precisa acerca de qual critério deva ser adotado". Entretanto, uma vez que o art. 54, §1º, II, da Lei nº 8.884/

---

[56] Oliveira e Rodas, 2004:125.
[57] Schuartz, 2002:100.

94 exige que "os benefícios decorrentes sejam distribuídos eqüitativamente entre os seus participantes, de um lado, e os consumidores ou usuários finais, de outro", haveria uma tendência a se considerar que o legislador brasileiro teria adotado o modelo do *price standard*.

Integração vertical

A necessidade de submissão às autoridades antitruste de atos de concentração vertical desperta profunda controvérsia na doutrina.

De acordo com os teóricos da escola de Chicago, essas operações seriam irrelevantes do ponto de vista antitruste, pois o efeito das integrações verticais seria sempre a criação de eficiências.[58]

Por outro lado, autores há que defendem o potencial anticompetitivo dessa espécie de operação, uma vez que permitiria criar gargalos em sistemas de fornecimento e distribuição, possibilitando, por exemplo, o fechamento do acesso a mercados de matérias-primas essenciais ao funcionamento de um segmento da cadeia produtiva a jusante. Nesse sentido, observa Salomão Filho (2002:286):

> As integrações verticais, quando realizadas entre agentes econômicos que atuam em mercados já horizontalmente concentrados, são causa efetiva de preocupação para o direito antitruste. E isso por duas razões bastante evidentes. Em primeiro lugar porque nesses casos sobram muito poucas alternativas aos pro-

---

[58] Segundo Bork (1993:226), "a preocupação antitruste com concentrações verticais é equivocada. As concentrações verticais são um meio de criar eficiências, e não de prejudicar a concorrência. (...) As concentrações verticais que a lei menciona não têm qualquer outro efeito senão a criação de eficiências".

dutores e/ou distribuidores independentes para respectivamente vender ou comprar seus produtos em condições concorrenciais. Mas também a concorrência potencial se limita substancialmente. Com efeito, potenciais concorrentes que queiram entrar em um dos mercados deverão entrar em ambos para ter alguma chance de concorrer. É por esse motivo que uma das principais objeções de natureza concorrencial às concentrações verticais está exatamente no aumento substancial de barreiras à entrada no mercado por elas proporcionado.

No mesmo sentido, observa Richard Whish (2001:722):

A integração vertical pode ter efeitos danosos à concorrência, particularmente se der origem ao risco de fechamento de mercado a terceiros; um exemplo disso seria quando uma firma a jusante adquire uma firma a montante que detém poder de monopólio relativamente a uma importante matéria-prima ou insumo; existe uma óbvia preocupação de que, nesses casos, os concorrentes no mercado a jusante não conseguirão obter matéria-prima ou insumos, ou somente o conseguirão em termos discriminatórios, com a conseqüência de que não conseguirão competir efetivamente.

Além disso, ainda quando os mercados afetados não se apresentam horizontalmente concentrados, também se faz importante analisar os atos de integração vertical, à luz da teoria da incipiência. De acordo com essa doutrina, concentrações verticais geralmente desencadeiam um processo concentrador em mercados que originalmente não se apresentavam verticalmente integrados, de forma que existe uma racionalidade econômica a justificar que sejam restringidas na origem. A partir dessa realidade emergem o questionamento formulado e a solução sugerida por Salomão Filho (2002:287-288):

O problema que então se apresenta é de eqüidade. Será correto permitir, em um determinado setor, as primeiras concentrações e barrar as últimas, sob o argumento de que nessas últimas o número de concorrentes independentes restante será muito reduzido para garantir a existência real de concorrência? A solução mais correta e eqüitativa, sobretudo em direito concorrencial (...) que leva em consideração não apenas os interesses dos consumidores, mas também o dos concorrentes, parece ser a utilização da teoria da incipiência. Através dela é possível aplicar mais rigidamente os critérios de sancionamento àqueles mercados oligopolizados em que uma primeira concentração vertical possa razoavelmente provocar o temor de um processo generalizado de integração.

De acordo com Nusdeo (2002:48-49), existem três tipos de preocupações associadas às concentrações verticais. Em primeiro lugar, há o risco de se criarem dificuldades para as atividades de concorrentes, tais como a eliminação de fontes de matéria-prima, de um comprador ou distribuidor.

Adicionalmente, existem as questões associadas à criação ou elevação de barreiras à entrada, pois com a integração vertical aumentam os custos em que um eventual entrante deverá estar disposto a incorrer para concorrer no mercado.

Por último, existe o risco de estímulo à formação de cartéis, especialmente quando a integração vertical se relacionar ao setor de distribuição, por facilitar o controle dos preços, pelos fabricantes, sobre a etapa de distribuição. Além disso, caso o comprador-vendedor opere em mercado cujo fornecedor seja um monopsônio — com poder de mercado suficiente para fazer frente ao poder econômico do vendedor —, pode ser do interesse deste último adquirir o primeiro, para então explorar referido poder de mercado.

As eficiências decorrentes de integrações verticais dizem respeito basicamente a economias de custos de transação,[59] que são a diferença entre realizar uma operação no mercado (com os gastos inerentes à negociação e contratação com terceiros) e realizá-la internamente, isto é, no âmbito da própria empresa ou grupo econômico.

Concentrações conglomeradas

Constituem operações conglomeradas aquelas que envolvem agentes econômicos cujas atividades ocorrem em mercados relevantes distintos e não relacionados verticalmente.

Entretanto, conforme observa Ana Maria Nusdeo, os mercados de atuação dos agentes econômicos costumam apresentar-se de alguma forma relacionados, como, por exemplo, quando um agente produz bem semelhante ao fabricado pelo adquirente em outro mercado relevante geográfico, ou quando os grupos produzem bens de alguma forma relacionados entre si.

> Embora o aumento da eficiência nas concentrações conglomeradas seja menos claro do que no caso das operações horizontais e verticais, a formação de conglomerados pode propiciar a redução de alguns custos, contribuindo para o aumento de eficiência das empresas concentradas. Assim, no caso de produtos de alguma forma relacionados ou similares vendidos em mercados geográficos diferentes, a operação pode permitir a compra de maior quantidade de matérias-primas por

---

[59] Harris e Veljanovski (1986:111) observam que, "no contexto dos contratos, 'custos de transação' é uma expressão usada pelos economistas para designar o tempo, o esforço e os recursos despendidos pelas partes ao negociarem um acordo sobre os termos de seu contrato, ou ao negociarem a cessação de (...) uma disputa contratual. O economista assume que homens racionais tentarão evitar ou minimizar os custos de transação".

preço inferior, a distribuição conjunta dos produtos e a coordenação dessas atividades de abastecimento e transporte.[60]

Também nos chamados conglomerados puros, ou seja, nos quais os mercados não guardam nenhuma relação, podem se vislumbrar efeitos concorrencialmente relevantes em conseqüência da operação:

> Além disso, mesmo inexistindo uma relação próxima entre os produtos das empresas concentradas, sua união pode permitir à nova empresa a contratação de serviços, como os de publicidade e de assessoria jurídica, e, mesmo, a obtenção de capitais por um custo inferior. Finalmente, uma linha maior de produtos pode propiciar um maior aproveitamento na realização de pesquisa e desenvolvimento, cujos resultados possam se espalhar por diferentes produtos. Há também uma vantagem de caráter financeiro quando a diversa sazonalidade de compras de matérias-primas ou de vendas dos respectivos produtos finais permite ao conglomerado otimizar os fluxos financeiros recíprocos entre as diferentes unidades, tornando-o mais independente em relação aos bancos e demais fornecedores de recursos financeiros.[61]

Critérios para aprovação de atos de concentração

Ao tratar de atos que, apesar de elevarem os níveis de concentração, são passíveis de aprovação pelo Cade, a Lei nº 8.884/94 exige, além da comprovação de eficiências, evidências de aumento de produtividade, melhoria na qualidade de bens e serviços, desenvolvimento tecnológico ou econômico, bem

---

[60] Nusdeo, 2002:51.
[61] Ibid.

como a distribuição eqüitativa desses benefícios entre agentes econômicos e consumidores. Dispõem os §§1º e 2º do art. 54 da Lei nº 8.884/94:

> §1º O Cade poderá autorizar os atos a que se refere o *caput*, desde que atendam as seguintes condições:
> I — tenham por objetivo, cumulada ou alternativamente:
> a) aumentar a produtividade;
> b) melhorar a qualidade de bens ou serviços; ou
> c) propiciar a eficiência e o desenvolvimento tecnológico ou econômico.
> II — os benefícios decorrentes sejam distribuídos eqüitativamente entre os seus participantes, de um lado, e os concorrentes ou usuários finais, de outro;
> III — não impliquem eliminação da concorrência de parte substancial de um mercado relevante de bens e serviços;
> IV — sejam observados os limites estritamente necessários para atingir os objetivos visados.
> §2º Também poderão ser considerados legítimos os atos previstos neste artigo, desde que atendidas pelo menos três das condições previstas no inciso anterior, quando necessários por motivo preponderante da economia nacional e do bem comum, e desde que não impliquem prejuízo ao consumidor ou usuário final.

Portanto, ao analisar um ato de concentração, o Cade pode adotar uma das seguintes soluções:

- aprová-lo sem restrições;
- aprová-lo com a condição de cumprimento de compromisso de desempenho;
- condicionar a sua aprovação a determinadas ações estruturais, tais como a alienação de determinados ativos;
- ou determinar a desconstituição da operação.

Cumpre observar que, independentemente da decisão quanto ao mérito da operação, haverá imposição de multa em caso de intempestividade na notificação.

O compromisso de desempenho

De acordo com o art. 58 da Lei nº 8.884/94, como condição para aprovação do ato de concentração, o plenário do Cade poderá definir compromissos de desempenho para os interessados que submetam atos a exame na forma do art. 54, de modo a assegurar o cumprimento das condições estabelecidas no §1º do referido artigo. Sobre o instituto, explanam Eros Roberto Grau e Paula Forgioni (2005:231-232):

> O compromisso de desempenho corporifica acordo entre a administração e os partícipes de uma operação restritiva da concorrência (seja um acordo entre agentes econômicos, seja uma concentração) para viabilizar sua aprovação, conforme faculta o art. 54 da Lei nº 8.884, de 1994. Nos termos desse preceito, a administração deve, de um lado, ponderar os prejuízos à concorrência advindos da prática analisada; de outro, os benefícios (as "eficiências") por ela produzidos. Se os benefícios superarem os prejuízos, o ato há de ser aprovado.
>
> Para garantir que as eficiências venham a ser realmente atingidas, celebra-se o compromisso de desempenho, por força do qual o administrado assume, perante a administração, a obrigação de amoldar a prática às condições impostas para sua aprovação. As vantagens de ambas as partes são evidentes: o administrado obtém a aprovação do ato, embora com limitações; a administração o aprova, segura de que as eficiências alegadas serão alcançadas.[62]

---

[62] Os procedimentos para celebração de compromisso de desempenho encontram-se detalhados nos arts. 131 e segs. da Resolução Cade nº 45/07.

Na definição dos compromissos de desempenho serão considerados o grau de exposição do setor à competição internacional e as alterações no nível de emprego, entre outras circunstâncias relevantes. A norma exige, ainda, que constem dos compromissos de desempenho metas qualitativas ou quantitativas em prazos predefinidos, cujo cumprimento será acompanhado pela SDE. O descumprimento injustificado do compromisso de desempenho implicará a revogação da aprovação do Cade e a abertura de processo administrativo para a adoção das medidas cabíveis.

Da possibilidade de imposição de medida cautelar e da celebração de acordo de preservação de reversibilidade da operação (Apro)

Caso o relator de um ato de concentração, ao receber os autos para análise, considere que existe *prima facie* uma alta concentração de mercado advinda da concentração notificada, poderá, se entender presentes o *fumus boni iuris* e o *periculum in mora* em face da tutela da concorrência, determinar que as concorrentes mantenham o *status* concorrencial anterior ao ato notificado e se abstenham, até o julgamento do ato de concentração, de praticar quaisquer novos atos decorrentes do contrato já realizado no que tange a:

- qualquer alteração de natureza societária;
- alterações nas suas instalações físicas e transferência ou renúncia aos direitos e obrigações relativos aos seus ativos (incluindo marcas, patentes, carteiras de clientes e fornecedores);
- descontinuar a utilização de marcas e produtos;
- alterações nas estruturas, logística e práticas de distribuição e comercialização;
- mudanças administrativas nas empresas que impliquem dispensa de mão-de-obra e transferência de pessoal entre seus

estabelecimentos de produção, distribuição, comercialização e pesquisa, quando caracterizadas como objetivando a integração das requerentes;

❏ interrupção de projetos de investimento preestabelecidos em todos os setores de atividade da empresa adquirida e de implementação de seus planos e metas de vendas, bem como outras providências que o relator entenda necessárias.[63]

Alternativamente, a Resolução Cade nº 45/07 prevê a possibilidade de ser celebrado acordo de preservação de reversibilidade da operação (Apro), no qual serão dispostas as medidas aptas a preservar as condições de mercado, prevenindo as mudanças irreversíveis ou de difícil reparação que poderiam ocorrer na sua estrutura até o julgamento de mérito do ato de concentração, evitando-se o risco de tornar ineficaz o resultado final do processo (art. 139). A celebração de Apro pode ser solicitada pelas próprias requerentes (art. 140), o que lhes permite negociar com a autoridade as medidas necessárias e a extensão em que deverão ser adotadas, de modo a serem impostas soluções menos gravosas do que aquelas que seriam observadas em caso de imposição unilateral de medida cautelar.

Questões de automonitoramento

1. Quais os principais vetores de análise de um ato de concentração?
2. Quais as possíveis justificativas para a aprovação de uma operação que ocasione concentração horizontal superior a 20% no mercado relevante?
3. Quais as possíveis justificativas para a aprovação de uma operação que tenha por conseqüência restrições verticais?

---

[63] Art. 136 da Resolução Cade nº 45/07.

3

Atos de concentração econômica: o caso Nestlé/Garoto

Caso gerador

Uma empresa multinacional, com filial no Brasil e atuação "nos setores de produtos lácteos, produtos culinários, biscoitos, chocolates, açúcares e confeitos, cereais, cafés e bebidas em geral, sorvetes e produtos refrigerados, rações para animais de estimação, produtos enterais, produtos oftalmológicos e dermatológicos e águas minerais e mineralizadas", com faturamento da ordem de R$ 5 bilhões, decide, após a realização de um processo licitatório privado, adquirir uma empresa nacional, familiar, "com atuação no setor de industrialização de alimentos, especificadamente na fabricação de chocolates e confeitos" e faturamento próximo de R$ 550 milhões.

Sabe-se que a referida empresa multinacional é a empresa líder no segmento de fabricação de chocolates, sendo a empresa nacional adquirida tida como o segundo principal *player* desse mercado. Há apenas outros três *players* representativos no mercado, sendo dois deles multinacionais chegadas ao Brasil nos últimos cinco anos.[64]

Tendo essa operação de aquisição sido apresentada às autoridades de defesa da concorrência, nos termos do art. 54 da Lei nº 8.884/94, pergunta-se: como deve a autoridade analisar uma operação dessa natureza? Quais as implicações de uma aquisição desse montante? Deve a autoridade despender menos atenção à operação por se tratar de produto supérfluo? Deve a autoridade aprovar a operação?

Roteiro de estudo

Introdução

O Ato de Concentração nº 08012.001697/2002-89, no qual figuram como requerentes as empresas Nestlé Brasil Ltda. e Chocolates Garoto S.A., conhecido como o caso Nestlé/Garoto, tem sido considerado — tanto por estudiosos quanto pelos aplicadores do direito — paradigmático em diversos aspectos.

O primeiro aspecto relevante envolvendo esse caso é certamente aquele que mais interessa às empresas envolvidas: em mais de 10 anos de aplicação da legislação de defesa da concorrência, o caso Nestlé/Garoto foi o único a não ser aprovado, tendo o Cade determinado o desfazimento da operação.

O segundo aspecto digno de nota é a mudança de entendimento do Cade no que diz respeito aos critérios de eficiência utilizados como fundamento para a aprovação ou não de uma operação.

O terceiro aspecto importante não diz respeito somente ao caso Nestlé/Garoto em si, mas está relacionado a este na medi-

---

[64] Adaptado da parte inicial do relatório do Ato de Concentração nº 08012.001697/2002-89.

da em que a decisão do Cade nesse caso, de certa forma, encontra sua motivação no uso de modelos econométricos.

Uma análise panorâmica das opiniões das autoridades de defesa da concorrência será feita a seguir, com uma breve discussão sobre cada um desses aspectos mais relevantes da decisão.

A opinião da Seae

Numa primeira etapa da análise do ato de concentração, a Secretaria de Acompanhamento Econômico (Seae) abordou diversos aspectos técnico-econômicos dos efeitos provocados pela operação em questão, apresentando, ao final, uma opinião inconclusiva sobre a mesma e deixando a cargo do plenário do Cade a tomada de uma decisão a respeito.

Definição de mercado relevante

Grande parte da discussão levantada no parecer da Seae fez referência à definição do mercado relevante na dimensão produto, uma vez que se fez necessário um exame aprofundado da substituibilidade e da elasticidade cruzada da demanda entre as diversas apresentações de chocolates. Nessa análise, foi descartada logo de início a substituibilidade alegada entre produtores de chocolates artesanais e produtores industriais, uma vez que as características dos produtos e das formas de comercialização e distribuição são extremamente diferentes. As requerentes apresentaram diversos argumentos para que, dentro do segmento de chocolates industrializados, fosse considerado o mercado de "chocolates sob todas as formas", agregando-se todas as apresentações de chocolates. A Seae refutou os argumentos apresentados, por não constituírem justificativas econômicas razoáveis para a definição do mercado relevante, e preferiu abordar, em virtude da impossibilidade de uma definição precisa acerca da substituibilidade entre os diversos tipos de chocolates, dois cenários distintos para a realização da análise de mercado: um cenário agregado, de chocolates sob todas as formas, conforme apresentado pelas requerentes; e um cenário segmentado, nos quais bombons, tabletes, ovos de páscoa, *snacks, candy bars* etc. seriam considerados pertencentes a mercados distintos.

No que diz respeito à dimensão geográfica do mercado relevante, a Seae afirmou ser indiferente o cenário adotado, uma vez que a análise a ser realizada em ambos os casos seria suficientemente semelhante. Nesse sentido, o mercado foi definido como compreendendo o território nacional.

Probabilidade de exercício de poder de mercado

A partir de uma análise das participações de mercado dos agentes do mercado nacional, a Seae constatou que a operação apresentada geraria graus de concentração excessiva, independentemente do cenário adotado para a realização da análise. No caso do mercado de chocolates sob todas as formas, a participação de mercado resultante seria superior a 20%, e o C4 (soma da participação dos quatro maiores agentes do mercado), superior a 95%, acima dos 75% previstos no guia da Seae como referência para o índice. A análise segmentada do mercado geraria problemas em apenas três dos cinco segmentos analisados (caixas de bombons, tabletes e ovos de páscoa); contudo, por serem esses três segmentos os mais representativos do mercado de chocolates (aproximadamente 64%), a operação traria graves riscos à concorrência no mercado.

Barreiras à entrada

A Seae analisou a possibilidade de entrada no mercado de chocolates, de acordo com dados de escala mínima viável fornecidos pelas requerentes, e chegou à conclusão de que o mercado é caracterizado por grandes escalas mínimas viáveis e que, apesar de haver agentes com capacidade para a realização dos investimentos necessários, a entrada não seria suficiente para obstar o exercício de poder de mercado por parte da empresa resultante da operação. Além da escala mínima viável, a questão da marca também é tratada como uma barreira à entrada no mercado de chocolates, uma vez que a reputação das marcas existentes perante os seus consumidores é considerada um ativo de grande importância no setor, o que dificultaria ao potencial entrante a contestação do exercício de poder de mercado por parte da empresa resultante.

Rivalidade

Em breves palavras, a Seae identificou que, independentemente da definição de mercado adotada, os preços praticados pelas empresas no mercado brasileiro são bastante próximos, o que, em princípio, pode ser entendido como um forte indício da existência de rivalidade efetiva no mercado. Contudo, por existir um número muito pequeno de agentes (apenas três agentes principais) e por não haver capacidade ociosa suficiente no mercado brasileiro, ainda assim não seria possível afastar completamente a possibilidade de exercício de poder de mercado.

Eficiências

As requerentes apresentaram diversas eficiências econômicas que derivariam do ato apresentado, nas áreas técnica e de produção, administrativa, comercial e logística. A Seae procedeu a uma análise das perdas econômicas que estariam atreladas ao exercício de poder de mercado garantido às requerentes em decorrência da operação apresentada, balanceando tais perdas com os ganhos resultantes do ato. Fez suposições de que a operação pudesse gerar aumentos de preço da ordem de 5%, 10% ou 15% após a operação e chegou à conclusão de que a operação não seria prejudicial apenas no primeiro cenário, sendo os outros dois cenários, de acordo com a análise de probabilidade de exercício de poder de mercado, muito mais verossímeis.

Conclusão

Assim, a Seae apresentou em seu parecer uma opinião técnica inconclusiva, afirmando que a operação traria reduções ao bem-estar social e, portanto, deveria o Cade decidir a atitude a ser tomada no caso em pauta.

A opinião da SDE

Preliminarmente, a SDE fez uma análise das medidas tomadas no curso do processo que ensejariam os potenciais prejuízos à concorrência, em relação aos quais se manifestaram a própria Seae e as empresas impugnantes, descrevendo a medida cautelar adotada no caso.[65] Assim, pretendia-se garantir que nenhuma medida fosse tomada pelas requerentes de modo a dificultar a desconstituição da operação na hipótese de sua não-aprovação.

---

[65] Pouco após a apresentação da operação, as requerentes Nestlé/Garoto foram ameaçadas pela imposição de uma medida preventiva, ordenando a não-implementação da operação até a decisão final das autoridades sobre a aprovação do ato de concentração. Contudo, as partes negociaram um acordo de preservação da reversibilidade da operação (Apro), o qual foi posteriormente regulamentado pela Resolução Cade nº 28/02, comprometendo-se a não tomar certas medidas — as quais viabilizariam a integração completa entre as atividades das empresas — até a aprovação da operação.

Definição dos mercados relevantes

A SDE mostrou um entendimento distinto daquele da Seae no que diz respeito à definição dos mercados relevantes e em relação à substituibilidade dos produtos afetados pela operação, apresentando, a princípio, uma opinião mais conclusiva a esse respeito.

Inicialmente, a SDE definiu o *mercado relevante de balas e confeitos* de forma abrangente por entender que uma análise detalhada a respeito desse mercado não seria necessária por ser a participação de mercado combinada das requerentes inferior a 4%. Em seguida, definiu os mercados relevantes de *chocolate em pó* e *achocolatado em pó* como mercados distintos, basicamente em virtude de os produtos não serem bons substitutos pelo lado da demanda. No que diz respeito às coberturas de chocolate, a SDE entendeu que esses produtos são substitutos, mas que a sua substituição, para os consumidores de cobertura líquida, importaria em custos relacionados à liquefação da cobertura sólida. Nesse sentido, a SDE definiu os mercados de *cobertura de chocolate sólida* e *cobertura de chocolate líquida*.

Quanto aos chocolates industrializados para consumo final, por não ter acesso a dados que lhe permitissem uma análise de substituibilidade e elasticidade cruzada a Seae não adotou uma posição definitiva, analisando dois cenários distintos. Assim, a SDE segmentou o mercado de acordo com as apresentações do produto relacionadas às quantidades ofertadas, definindo os mercados de: *chocolates de consumo imediato*; *tabletes entre 101g e 400g e embalagens* multipack; *tabletes entre 401g e 500g*; *caixas de bombom*; e *ovos de páscoa*. Chocolates artesanais, em virtude das peculiaridades relacionadas à marca e à distribuição, também não foram considerados substitutos dos chocolates industrializados.

Os mercados geográficos foram todos definidos como nacionais, com exceção do mercado de chocolates artesanais, que ficou adstrito às regiões Norte, Sul, Nordeste, Sudeste e Centro-Oeste.

Com exceção do mercado de balas e confeitos, a SDE identificou concentrações excessivas em todos os mercados relevantes, destacando a formação de um monopólio no mercado de cobertura de chocolate líquida.

Probabilidade de exercício de poder de mercado

Conforme adiantado pela Seae, a SDE identificou grandes dificuldades na importação de chocolates (em virtude das características físicas do produto e dos altos impostos de importação) e um alto nível de barreiras à entrada nesse mercado, em função da importância da marca e dos altos custos de entrada associados à atuação no mercado. A questão da rede de distribuição, também utilizada para justificar a inexistência de substituibilidade entre os chocolates artesanais e industrializados, foi igualmente considerada uma barreira a um potencial entrante do mercado, sendo, dessa forma, provável o exercício de poder de mercado.

No que diz respeito à análise de rivalidade, a SDE identificou que, após a concretização da operação apresentada, não haveria rivalidade efetiva nos mercados analisados, uma vez que as empresas existentes não dispõem de capacidade ociosa suficiente para obstar a tentativa de exercício de poder de mercado por parte da empresa resultante, sendo mais lucrativo seguir o aumento de preços a ser imposto por esta, líder do mercado pós-operação. Nesse sentido, seria provável não apenas o exercício unilateral de poder de mercado, como também o exercício coordenado deste, em virtude da estrutura de mercado gerada pela operação proposta.

Eficiências

Em relação às eficiências apresentadas pelas requerentes, a SDE manifestou-se no sentido de que nem todas as eficiências eram justificadas ou relacionadas exclusivamente à implementação da operação e que, nesse sentido, deveriam ser desconsideradas para fins da análise realizada. A SDE concluiu que, embora existentes, as eficiências não seriam suficientes para compensar as perdas de bem-estar geradas pela probabilidade de exercício de poder de mercado anteriormente identificada.

Conclusão

A SDE concluiu sua opinião técnica acerca da operação no sentido de que a aprovação da operação nos termos em que fora apresentada pelas requerentes importaria no exercício de poder de mercado por parte delas e, no limite, acarretaria invariavelmente prejuízos aos consumidores. Assim, sugeriu ao Cade que identificasse eventuais condições para a aprovação do ato, as quais fossem capazes de obstar a possibilidade de exercício de poder de mercado por parte das requerentes.

A decisão do Cade

Embora tenha como pontos principais a discussão sobre a utilização dos modelos econométricos apresentados pelas partes interessadas (como se verá mais adiante) e sobre as reduções de custos alegadas pela Nestlé, o voto condutor, preparado pelo relator-conselheiro Thompson de Almeida Andrade, da decisão do plenário do Cade não foge à metodologia tradicional de análise de atos de concentração "horizontais" (tal como feito pela própria Seae e a SDE). Recapitulando, essa metodologia tradicional pode ser dividida, para fins didáticos, em duas grandes partes: primeiro, determinação da existência de poder de mercado (decorrente da realização da operação); segundo, exame da probabilidade de exercício de poder de mercado, se constatada a sua existência.

Em suma, a determinação da existência de poder de mercado passa pela delimitação do conjunto de produtos (ou dos conjuntos de produtos) sobre o qual a operação produzirá efeitos (definição do mercado relevante), para então determinar a *participação de mercado* das empresas envolvidas. Presume-se que uma participação de mercado elevada corresponde à existência de poder de mercado; então, passa-se ao ponto seguinte da análise, que está determinado pela probabilidade do exercício desse poder.

O exame da probabilidade de exercício de poder de mercado, por sua vez, passa pela análise de pelo menos três questões principais, que se resumem ao papel (de contestação de eventuais aumentos de preço por parte da empresa resultante da operação) desempenhado: a) pelas importações; b) pela entrada de novos *players*; e c) pela efetividade da rivalidade oferecida pelas demais empresas que fazem parte do mercado relevante.[66]

O voto do conselheiro Thompson de Almeida Andrade, portanto, inicia-se discutindo as definições de mercado relevante apresentadas pela Seae e pela SDE, estabelecendo, quanto aos produtos, quatro mercados relevantes distintos: a) balas e confeitos sem chocolates; b) coberturas de chocolates; c) achocolatados; e d) chocolates sob todas as formas, excluindo-se os chocolates artesanais. Quanto ao aspecto geográfico do mercado, para todos os produtos o conselhei-

---

[66] Itens 15 a 18 do guia da Seae.

ro-relator entendeu mais apropriado definir o mercado relevante como nacional.

De acordo com o conselheiro-relator, os mercados de balas e confeitos sem chocolates e o mercado de achocolatados não seriam negativamente afetados pela operação de aquisição da Garoto pela Nestlé, motivo pelo qual as discussões a esse respeito não foram aprofundadas no voto.

No que diz respeito ao mercado de cobertura de chocolate, com a operação a Nestlé passaria a deter aproximadamente 89% do total das vendas desse produto no Brasil, dado que antes da operação a Nestlé detinha 22% de *market share*, a Garoto, 67%, e a Arcor, 11%.

No mercado de chocolate sob todas as formas, como resultado da compra da Garoto a Nestlé passaria a deter participação de mercado da ordem de 58% (ao passo que a Lacta, seu maior concorrente, deteria 33%).

Vale dizer que o conselheiro-relator, seguindo o entendimento da SDE, excluiu do cálculo de *market share* as vendas dos chamados chocolates artesanais, por entender que os produtores desses chocolates artesanais "não dispõem de capacidade produtiva suficiente para responder tempestivamente a um aumento da demanda por seus produtos"; dependem, em sua maior parte, do fornecimento de insumos da Nestlé; não dispõem de rede de distribuição; e não têm possibilidades de efetuar grandes gastos em fixação de marca e propaganda. Assim, o cálculo das participações de mercado nesse caso envolveu apenas as vendas de chocolates industrializados.

Após identificar esses dois mercados relevantes em que foram observados riscos potenciais para a concorrência, o conselheiro-relator passou à análise das barreiras à entrada (ou seja, verificou se a entrada de uma nova empresa nesses mercados seria provável, tempestiva e suficiente).[67] No mercado de cobertura de chocolate, o conselheiro-relator chegou à conclusão de que a entrada de um novo pequeno fabricante, ainda que mais ou menos provável, não seria suficiente para influenciar a fixação dos preços de cobertura de chocolate pela Nestlé/Garoto. Além disso, a Nestlé/Garoto teria capacidade ociosa suficiente para "encetar políticas defensivas inviabilizando as operações da entrante", ou seja, a Nestlé/Garoto poderia aumentar sua produção para evitar uma entrada no mercado.

A conclusão a respeito do mercado de chocolates sob todas as formas não foi diferente:

> as barreiras mais efetivas que bloqueiam entradas tempestivas e suficientes para a contestação do poder de mercado das incumbentes [Nestlé e Garoto] seriam os elevados requerimentos mínimos de capital (tanto na esfera da produção quanto da distribuição), as oportunidades de vendas, segredos industriais relativos a sabor e textura do chocolate, lealdade do consumidor à marca e elevados custos irrecuperáveis (*sunk costs*).

Assim sendo, o conselheiro-relator passou à análise da rivalidade entre as empresas no mercado, para o que fez uso da

---

[67] "A Seae e a SDE considerarão a entrada *provável* quando for economicamente lucrativa a preços pré-concentração e quando estes preços puderem ser assegurados pelo possível entrante. Os preços não poderão ser assegurados pelo possível entrante quando o incremento mínimo da oferta provocado pela empresa entrante for suficiente para causar uma redução dos preços do mercado. Em outras palavras, a entrada é provável quando as escalas mínimas viáveis são inferiores às oportunidades de venda no mercado a preços pré-concentração. (...) considerarão, em geral, como prazo socialmente aceitável para entrada o período de dois anos. Neste prazo incluem-se todas as etapas necessárias à entrada no mercado, tais como, planejamento, desenho do produto, estudo de mercado, obtenção de licenças e permissões, construção e operação da planta, promoção e distribuição do produto. (...) A entrada será considerada suficiente quando permitir que todas as oportunidades de venda sejam adequadamente exploradas pelos entrantes em potencial" (itens 46, 47 e 48 do guia da Seae; grifos nossos).

análise dos estudos quantitativos (modelos de simulação) apresentados pelas requerentes, os quais serão vistos mais adiante, em separado.

Como as eficiências decorrentes da operação também não foram vistas como suficientes para balancear as perdas decorrentes do exercício de poder de mercado resultante da operação, numa decisão corajosa os conselheiros decidiram, por maioria, impedir a implementação da operação (pelo menos por enquanto). Ambos os tópicos, sobre as eficiências e a ordem de desconstituição da operação, serão tratados em maiores detalhes a seguir.

Os estudos quantitativos e os modelos de simulação

De fato, a decisão do Cade no caso Nestlé/Garoto e especialmente o voto do conselheiro-relator têm um impacto muito mais profundo sobre a aplicação e o estudo do direito da concorrência no Brasil do que seus precedentes. Isso porque essa decisão, se não introduz, reafirma a necessidade de exame técnico e detalhado de elementos quantitativos no curso da análise antitruste, seja esta voltada para as concentrações de empresas, seja para as condutas anticompetitivas.

É possível dizer que esse aspecto talvez seja precisamente aquele que mais tende a influenciar, ainda que mediatamente, a aplicação do direito da concorrência no Brasil no futuro. Com efeito, antes do caso Nestlé/Garoto, raras vezes o Cade se preocupou em realizar análises quantitativas, ou mesmo a própria literatura nacional as estudou sistematicamente.[68]

As autoridades estrangeiras — norte-americanas, mais especificamente — têm-se preocupado com a matéria de maneira

---

[68] A única exceção talvez seja Mattos (2003), que cita os casos e as análises utilizadas. Ver também *O poder silencioso...*(2003).

mais recorrente. Dois economistas da Federal Trade Commission dos EUA, por exemplo, assim se posicionam diante das análises econométricas:

> A análise econométrica e estatística de dados tem desempenhado papel importante na análise antitruste em geral. Artigos recentes (...) têm discutido em detalhes os diversos tipos de análises quantitativas que são hoje utilizados freqüentemente tanto na análise de concentrações quanto na análise de outros casos antitruste. Esses artigos são, ao mesmo tempo, descritivos e prescritivos: descrevendo as diferentes técnicas que são atualmente utilizadas nos procedimentos antitruste e prescrevendo os padrões para a utilização segura dessas técnicas, bem como para a notificação dos resultados dessa utilização às autoridades competentes, ou ao Poder Judiciário, de modo que a credibilidade dessas técnicas seja fortalecida. De acordo com essa tendência, análises econométricas de diversos tipos são conduzidas e avaliadas regularmente na FTC em relação a investigações sobre antitruste e direito do consumidor. Embora os economistas e advogados da comissão já reconheçam o valor de uma análise empírica sólida, estamos envolvidos num esforço para fortalecer o uso e melhorar a utilidade dessas análises.
>
> Os principais agentes decisórios da FTC (e DOJ) e do Poder Judiciário, bem como seus assessores jurídicos, não são, geralmente, economistas ou econometricistas. Nossa experiência na FTC e como economistas em causas judiciais mostra que, se os aplicadores do direito em geral não tiverem um entendimento básico da modelagem econômica e da análise econométrica num assunto específico, e se eles não observam um nexo entre essa análise e suas conclusões com as outras provas, eles provavelmente não irão dar à análise econométrica o valor devido.[69]

---

[69] Scheffman e Coleman, 2005:2.

No voto do conselheiro-relator no caso em exame, nota-se que são freqüentes as referências aos estudos quantitativos, especialmente no que diz respeito à definição do mercado relevante para os chocolates, sob todas as formas, e ao comportamento das empresas após a operação.

Assim, até mesmo para a definição do mercado relevante o conselheiro-relator utilizou-se de dados sobre a elasticidade-preço cruzada da demanda entre os diversos produtos para chegar a uma conclusão, além de se apoiar em estudos econométricos realizados com base nesses mesmos dados, como se nota no trecho:

> atendendo a uma solicitação do conselheiro Cleveland Prates Teixeira, feita em audiência realizada no Cade em 20 de março de 2003 com os membros do Plenário, as requerentes encaminharam, em 16 de junho de 2003, um estudo econométrico realizado pelo professor Naércio Aquino Menezes Filho (...), utilizando dados pesquisados pela AC Nielsen entre 1998 e 2002. Posteriormente, em 22 de agosto de 2003, a Kraft encaminhou novo estudo econométrico assinado pelos professores Denisard C. Oliveira Alves, Walter Belluzzo e Rodrigo de Losso Bueno, contendo críticas à metodologia adotada no estudo econométrico da Nestlé. Ambos os estudos, todavia, chegaram a resultados bastante plausíveis e similares. Os estudos revelaram que são elevadas as elasticidades cruzadas entre os diversos segmentos de chocolates (2º estágio) e entre as diferentes marcas (3º estágio).
>
> Estes resultados indicam que os diferentes tipos e formatos de chocolates (tabletes, bombons, *snacks* e *candy bars*) das diferentes marcas (Nestlé, Garoto e Lacta) são substitutos entre si. Devem, portanto, ser incluídos num mesmo mercado relevante, segundo o critério do monopolista hipotético, dada a impossibilidade de se praticar elevações de preços superiores a

5%, em um ou mais destes segmentos, sem perda de vendas e lucratividade para outro segmento com preços estáveis.

Dessa forma, a análise de dados empíricos (no caso narrado acima, com base em informações obtidas em pesquisas de mercados), não baseados somente na análise qualitativa de informações, oferece ao aplicador do direito menor margem de incerteza quanto às possíveis presunções a serem feitas no curso da análise.

No contexto da análise de rivalidade, são extensas as referências aos diversos estudos apresentados pelas requerentes (Nestlé/Garoto) e pela impugnante (Kraft).[70]

No exame da rivalidade entre as empresas após a operação, a questão sobre a qual divergem, basicamente, os econo-

---

[70] Como consta no voto do conselheiro-relator (p. 25): "as requerentes Nestlé e Garoto juntaram aos autos do processo uma série de estudos com o objetivo de mostrar que a aquisição da Garoto pela Nestlé em nada prejudicaria as condições de concorrência no mercado e que, pelo contrário, a aquisição, a despeito da concentração do mercado, traria como resultado a criação de eficiências que seriam também apropriadas pelos consumidores via redução dos preços, provocada pela rivalidade entre os dois principais agentes produtores do mercado (Nestlé + Garoto e Lacta). A análise das condições de concorrência no mercado é muito importante nesse caso porque se sabe que em estruturas de mercado como a presente, com a participação acentuada de duas empresas, há potencialmente um enorme estímulo e facilidade para a adoção de condutas cartelizadas. A análise da possibilidade desse risco é fundamental para a consideração da aprovação da aquisição já que, se essa possibilidade for efetiva, há que se considerar se não seria melhor para a concorrência que os ganhos de eficiência resultantes da concentração fossem obtidos via aquisição por alguma outra empresa que não as líderes do mercado, Nestlé e Lacta. A análise das condições de concorrência pós-operação também é importante porque, conforme estabelece o art. 54, §1º, inciso III, da Lei nº 8.884/94, 'o Cade poderá autorizar os atos a que se refere o *caput*, desde que não impliquem eliminação da concorrência de parte substancial de mercado relevante de bens e serviços'. No que se segue neste voto, é feito um relato dos argumentos utilizados pelas requerentes, apresentados por seus consultores, com a finalidade de mostrar que não devem ser vislumbradas quaisquer ressalvas para a aprovação desse ato de concentração. Vários consultores contratados pela empresa impugnante Lacta procuraram contestar esses argumentos e, por isto, neste voto, além da referência feita aos estudos apresentados pelas requerentes Nestlé e Garoto, também serão levadas em conta as contestações quando este conselheiro-relator considerar a sua pertinência e significado para a análise".

mistas contratados pelas partes está relacionada ao suposto comportamento das duas maiores empresas (Nestlé + Garoto *versus* Lacta) após a fusão. Os pareceristas fundamentam suas conclusões com base no uso dos chamados "modelos de simulação".

Segundo Gregory Werden e outros (2005:2), a "simulação de fusões" é o uso formal de modelos estruturais baseados na teoria dos jogos para fazer previsões quantitativas de efeitos concorrenciais unilaterais. E prosseguem dizendo que:

> com modelos adequados indicando quais ações os participantes do mercado tomam sob circunstâncias específicas, é possível prever diretamente qual o resultado provável, ou "equilíbrio", de suas interações, assim como calcular os efeitos prováveis de uma fusão sobre o equilíbrio, considerando-se que o mesmo modelo especificado de interação entre concorrentes aplicava-se antes e após a fusão.

Disso resulta que os modelos de simulação são uma forma de prever, com um grau mais ou menos razoável de segurança, o resultado das interações entre as empresas após a realização da operação (isto é, estimar os preços e custos após uma dada operação de concentração). Para Jonathan Baker (1997),

> Conhecendo-se plenamente o sistema da demanda (elasticidades própria e cruzada), a natureza do comportamento oligopolístico (incluindo o comportamento de possíveis entrantes) e os custos para todas as firmas num mercado; conhecendo-se essas funções não apenas localmente, mas numa extensão significativa; e sabendo-se como os custos e o comportamento mudariam com uma fusão proposta, a análise de fusões [isto é, de concentrações] tornar-se-ia meramente uma questão de cálculos. Essas informações possibilitariam o cálcu-

lo direto do equilíbrio após a operação e, portanto, determinar como os preços seriam alterados.

Na prática, esses cálculos não podem ser feitos; as informações demandadas são, simplesmente, muitas. Mas é possível, e cada vez mais comum, simular fusões pela combinação de estimativas sobre algumas das informações necessárias, com presunções sobre o restante. As simulações sintetizam um grande número de informações empíricas de uma forma logicamente consistente, para identificar fusões que garantam às partes envolvidas incentivos para aumentar o preço. As simulações também fornecem os meios necessários para determinar a sensibilidade dessas conclusões à incerteza sobre as estimativas e a desacordos sobre a plausibilidade das presunções. Como o processo de simulação necessariamente combina estimativas e hipóteses em relação às quais pode haver uma incerteza significativa, o resultado desse processo — um conjunto de projeções de alterações de preço — é antes considerado como um indicador da força dos incentivos do que como uma previsão.

Como visto, é claro que a formulação e a aplicação de um modelo de simulação passam pelo ajuste de diversas variáveis e pela admissão de diversas hipóteses, desde as mais óbvias — por exemplo, os dados a serem incluídos no modelo — até as mais refinadas — por exemplo, as variáveis competitivas importantes para a empresa após a operação: maximizar vendas ou o lucro? Ao mesmo tempo, o modelo de simulação é capaz de delinear a curva de demanda a que a empresa pós-fusão está submetida, por exemplo. Assim, uma pequena diferença numa dessas variáveis ou hipóteses pode significar uma grande discrepância no resultado final da simulação.[71]

---

[71] Werden, 2004:2; Baker, 1997:348.

Entretanto, mesmo com essas dificuldades, os modelos de simulação apresentam, para as autoridades de defesa da concorrência, um panorama mais claro do resultado final de uma determinada operação. Jonathan Baker e Daniel Rubinfeld (1999:387) expõem os benefícios dos usos dos modelos quantitativos:

> Pelo lado da demanda [por estudos quantitativos], o interesse do Judiciário no uso de métodos estatísticos também tem crescido rapidamente. O Judiciário está, cada vez mais e mais, descobrindo que dados estatísticos confiáveis podem ser valiosos nas decisões acerca de impactos, prejuízos e danos em inúmeros casos, inclusive o antitruste. (...)
>
> No antitruste, a demanda crescente por métodos empíricos é certamente coincidente com — e pode ser o resultado de — uma maior vontade judicial [por extensão, das autoridades administrativas] de examinar os dados sobre os efeitos econômicos das fusões e os efeitos de práticas tidas como anticompetitivas, em vez de depender exclusivamente de hipóteses acerca das conseqüências anticompetitivas de uma estrutura industrial em particular. Na área das fusões, o desgaste das presunções estruturais reflete-se, em parte, na preferência dada pelas autoridades de defesa da concorrência à análise dos efeitos competitivos prováveis de fusões à luz das teorias "unilaterais", que não requerem a coordenação entre as empresas no mercado.

No caso Nestlé/Garoto em análise, o conselheiro-relator acatou as conclusões dos modelos apresentados pelas requerentes e pelas impugnantes, em especial o adotado pela Kraft (Lacta):

> A impugnante Kraft (Lacta) contratou o trabalho de simulação executado pelo prof. Fábio Kanczuk. O modelo utilizado na

simulação é o de Bertrand com produtos diferenciados e o equilíbrio é o não-cooperativo de Nash. Este modelo certamente é o modelo adequado porque se trata de mercados diferenciados em uma estrutura de concorrência monopolística. Da aplicação deste modelo são gerados diversos resultados, mas o principal deles se refere à necessidade de que as reduções de custos variáveis deveriam ser na ordem de 12% para evitar elevações de preços.[72]

> Entretanto, independente da aceitabilidade daquelas hipóteses, o que mais me surpreendeu na defesa da LCA às criticas feitas pelos consultores da impugnante Kraft foi a listagem apresentada no documento de 15 de janeiro de 2004 (...). Lê-se nele: "Apesar das querelas metodológicas envolvidas, as principais conclusões dos dois exercícios (o nosso e o de Kanczuk et al.) convergem para o mesmo ponto: a) a rivalidade é alta, mas por si, insuficiente para inibir aumentos lucrativos por parte da Nestlé/Garoto; e b) eficiências da ordem de 10% a 12% do custo variável são suficientes para fazer com que os preços não aumentem ou até que sejam reduzidos".[73]

Vale notar que os economistas contratados pelas requerentes Nestlé e Garoto chegaram à mesma conclusão:

Em resumo, o conselheiro-relator chegou à conclusão de que, tendo em vista a ineficácia da rivalidade na contestação de eventuais aumentos de preços após a implementação da operação, estes somente seriam *impedidos* (o que não é a mesma coisa que ter seus efeitos líquidos negativos contrabalançados,

---

[72] Voto do conselheiro-relator, p. 35.
[73] Idem, p. 34.

como se verá adiante) caso houvesse de fato uma redução nos custos da empresa fusionada da ordem de 12%.[74]

A mudança do paradigma de análise das eficiências

Uma das principais implicações do julgamento do caso Nestlé/Garoto foi a alteração do paradigma utilizado pelas autoridades de defesa da concorrência na análise das eficiências geradas por um ato de concentração. A análise de eficiências decorrentes de atos de concentração econômica em geral tem sido motivo de ampla discussão doutrinária e, conseqüentemente, tem sido tratada de diversas formas pela legislação de diversos países.

Inicialmente, cabe tecer breves considerações a respeito do modelo para a análise de eficiências proposto por Oliver Williamson (1968), que leva em consideração os benefícios gerados por um ato de concentração em função da redução de custos a ele associada. De acordo com esse modelo, os benefícios gerados podem manifestar-se por ganhos de eficiência alocativa, os quais não necessariamente estão atrelados ao preço cobrado do consumidor final. Em outras palavras, uma operação poderia em tese ser aprovada caso os ganhos de eficiência auferidos em função da concentração superassem as perdas de bem-estar associadas ao aumento de preços decorrente da

---

[74] Ver, especialmente, páginas 38-41 do voto do conselheiro-relator. O voto vogal do conselheiro Cleveland Prates Teixeira também foi no mesmo sentido: "outra questão que ao meu ver foi decisiva nesse processo, e para mim particularmente foi fundamental, foi a apresentação dos estudos econométricos e dos modelos de simulação. Isso porque eles convergiram no ponto mais importante, qual seja, qual o nível de eficiência que deveria ser gerado para que a operação pudesse ser aprovada sem maiores problemas. Poderíamos usar qualquer dos modelos apresentados, tanto pelas requerentes quanto pelas impugnantes, que o resultado seria quase o mesmo. Em outras palavras, os pareceres convergiram mostrando que seria necessário um ganho de eficiência em torno de 12% para que não houvesse aumento de preços".

possibilidade de exercício de poder de mercado, isto é, o custo social do monopólio.

Isso nos remete à idéia da eficiência de Pareto,[75] segundo a qual uma determinada estrutura de mercado poderia ser considerada como mais eficiente desde que notado um incremento ou a manutenção do bem-estar da sociedade como um todo, independentemente das perdas ou ganhos individualmente experimentados pelos agentes da sociedade.[76]

Alan Fisher e Robert Lande (1983:1580)[77] apresentam uma visão distinta da análise das eficiências geradas por atos de concentração, também conhecida como *price standard*, mais direcionada ao bem-estar do consumidor e de acordo com a qual o preço cobrado após a implementação da operação analisada deveria ser tomado como principal variável na análise das eficiências geradas por uma dada operação.

Basicamente, a diferença existente entre os dois modelos consiste na distribuição do bem-estar gerado por uma operação. De acordo com o modelo de Williamson, basta que a redução de custos para as empresas fusionadas seja superior à perda de peso morto (*deadweight loss*) gerada pelo aumento de preços decorrente do exercício de poder de mercado possibilitado pelo incremento de participação de mercado. O modelo de *price standard* exige ainda que haja uma distribuição dos efeitos positivos gerados pela operação, isto é, não basta que haja uma redução de custos; é necessário também que o consumidor não sofra qualquer tipo de prejuízo, sendo os preços pós-operação iguais ou inferiores àqueles praticados no mercado pré-concentração.

---

[75] Para maiores detalhes acerca do conceito de eficiência de Pareto, ver Fagundes (2003:33 e segs.).
[76] Vale destacar que esse conceito não deve ser confundido com o conceito de incrementos no bem-estar social, uma vez que este está também relacionado à distribuição das utilidades entre os indivíduos. Ver Fagundes (2003:119 e segs.).
[77] Ver também Fisher et al. (1989:777).

Cumpre ainda notar que a análise de eficiências como justificativas de um ato de concentração do qual decorram efeitos anticompetitivos deve observar algumas especificidades, de modo a justificar as perdas de bem-estar geradas pela operação analisada em virtude da criação de uma situação de poder de mercado. O consenso da prática antitruste prega que as eficiências (isto é, as reduções de custos associadas a uma determinada prática comercial ou a uma determinada operação de fusão e aquisição) devem ser consideradas como compensatórias de eventual redução da concorrência (e da conseqüente perda de peso morto associada ao exercício de poder de mercado) se:

❑ forem específicas da operação, ou seja, não puderem ser atingidas por outros meios;
❑ forem razoavelmente demonstradas, em termos quantitativos, inclusive;
❑ compensarem os riscos impostos à livre concorrência;
❑ puderem ser repartidas com o consumidor, nos termos da doutrina do *price standard* acima citada.

Nesse sentido, vale conferir o que diz o guia da Seae,[78] o qual, à maneira das *Horizontal merger guidelines*[79] norte-americanas, dispõe a respeito das condições para a admissão de eficiências na análise de atos de concentração:

> 71. Eficiências econômicas do ato. São consideradas eficiências econômicas das concentrações os incrementos do bem-estar econômico gerados pelo ato e que não podem ser gerados de outra forma (eficiências específicas da concentração). Não serão consideradas eficiências específicas da concentração aque-

---

[78] Portaria Conjunta Seae/SDE nº 50, de 1 de agosto de 2001.
[79] U.S. Department of Justice and Federal Trade Commission, 1997:30-31.

las que podem ser alcançadas, em um período inferior a dois anos, por meio de alternativas factíveis, que envolvem menores riscos para a concorrência.

72. Verificação. Os incrementos de eficiência são difíceis de se verificar e quantificar, em parte porque as informações necessárias se referem a eventos futuros. Em particular, incrementos de eficiência projetados, ainda que com razoável boa-fé, podem não se concretizar. Por isso, serão considerados como eficiências específicas da concentração aquelas cuja magnitude e possibilidade de ocorrência possam ser verificadas por meios razoáveis, e para as quais as causas (como) e o momento em que serão obtidas (quando) estejam razoavelmente especificados. As eficiências alegadas não serão consideradas quando forem estabelecidas vagamente, quando forem especulativas ou quando não puderem ser verificadas por meios razoáveis. (...)

87. A lei de defesa da concorrência estabelece como requisito formal de aprovação dos atos de concentração que os benefícios decorrentes sejam "distribuídos eqüitativamente" entre os seus participantes, de um lado, e os consumidores ou usuários finais, de outro (art. 54, §1º, II). Mesmo nos casos em que os órgãos de defesa da concorrência reputarem a operação "necessária por motivo preponderante da economia nacional e do bem comum", veda o legislador a aprovação do ato caso se verifique a possibilidade de "prejuízo" ao consumidor ou usuário final (art. 54, §2º). Portanto, nesses casos em particular, as secretarias procurarão analisar se os efeitos da operação se revertem em benefício do consumidor em período de tempo razoável.

Em vista disso, cabe uma discussão acerca de qual modelo para a análise de eficiências seria aplicável de acordo com a lei brasileira. O art. 54 da Lei nº 8.884/94 dispõe:

Os atos, sob qualquer forma manifestados, que possam limitar ou de qualquer forma prejudicar a livre concorrência, ou resultar na dominação de mercados relevantes de bens ou serviços, deverão ser submetidos à apreciação do Cade.

§1º O Cade poderá autorizar os atos a que se refere o *caput*, desde que atendam as seguintes condições:

I — tenham por objetivo, cumulada ou alternativamente:

a) aumentar a produtividade;

b) melhorar a qualidade de bens ou serviço; ou

c) propiciar a eficiência e o desenvolvimento tecnológico ou econômico;

II — os benefícios decorrentes sejam distribuídos eqüitativamente entre os seus participantes, de um lado, e os consumidores ou usuários finais, de outro;

III — não impliquem eliminação da concorrência de parte substancial de mercado relevante de bens e serviços;

IV — sejam observados os limites estritamente necessários para atingir os objetivos visados.

§2º Também poderão ser considerados legítimos os atos previstos neste artigo, desde que atendidas pelo menos três das condições previstas nos incisos do parágrafo anterior, quando necessários por motivos preponderantes da economia nacional e do bem comum, e desde que não impliquem prejuízo ao consumidor ou usuário final.

Pode-se inferir do acima exposto que a lei permite a aprovação de atos de concentração que imponham restrições à concorrência,[80] desde que tais restrições sejam devidamente compensadas por eficiências econômicas, de acordo com o inciso II do §1º do art. 54 da Lei nº 8.884/94. Além disso, a leitura do

---

[80] Desde que não representem eliminação de parte *substancial* da concorrência, o que resultaria, em resumo, na eliminação das chamadas *pressões competitivas*.

§2º do referido artigo ainda permite concluir que a lei protege o consumidor ao impedir a aprovação de atos que importem em prejuízos para ele.

A decisão do Cade no caso Nestlé/Garoto foi inédita em relação a essa questão específica por demonstrar de forma expressa que a interpretação mais adequada da lei levaria necessariamente à aplicação do *price standard* quando da análise de eficiências decorrentes de atos de concentração. Nos termos da legislação brasileira aplicável nesse sentido (art. 54 da Lei nº 8.884/94 e guia da Seae, anteriormente citados), restaria clara a aplicabilidade do *price standard* em detrimento de uma análise adstrita à eficiência alocativa decorrente da operação.

Embora tal aplicabilidade reste clara a partir da interpretação do texto legal, desde o julgamento do caso Ambev[81] era possível uma inferência em sentido distinto, uma vez que, nesse caso específico, não foram necessariamente considerados os efeitos distributivos das eficiências geradas pela operação analisada:

> De um lado, diante do reforço de posição dominante da empresa resultante da fusão, não vejo como assegurar transferência de ganhos de produtividade ao consumidor sem a adoção de providências que neutralizem os efeitos nocivos à concorrência. Assim, a aprovação sem restrições da operação representaria uma subordinação do interesse público ao interesse privado.

> De outro, não há como negar eficiências ponderáveis associadas à operação, suficiente para elevar o bem-estar se adotadas as devidas salvaguardas pela autoridade. Na mesma direção a mera desconstituição da operação representaria uma perda líquida para a sociedade, contrariando dessa forma o interesse público.[82]

---

[81] Ato de Concentração nº 08012.005846/99-12; requerentes: Fundação Antônio e Helena Zerrener — Instituição Nacional de Beneficência; Empresa de Consultoria, Administração e Participações S.A. (Ecap); e Braco S.A.
[82] Voto do presidente do Cade Gesner Oliveira no Ato de Concentração nº 08012.005846/99-12.

Nota-se, a partir da citação anterior, que no caso Ambev o Cade privilegiou as eficiências, independentemente de uma análise mais detalhada da repartição dos benefícios gerados pelas eficiências com os consumidores finais, apesar da aparentemente clara disposição legal a respeito. Entendimento semelhante pode ser extraído da decisão no caso G. Barbosa/Bompreço,[83] conforme citação abaixo:

> as eficiências devem ser de tal ordem que compensem o efeito lesivo à concorrência. Esse é o próprio conceito de ganhos líquidos advindos do ato. Teoricamente teria que se comparar os ganhos de eficiência obtidos com as perdas resultantes da criação de poder de mercado, conforme o modelo de Williamson (1968-69). No entanto, na prática, é muito difícil realizar tais cálculos pela dificuldade de se determinar *a priori* a extensão desses efeitos. Ademais, estamos tratando de um mercado que envolve uma cesta de produtos e cujo cálculo da elasticidade-preço da demanda seria pouco realista. Entretanto, em função das condições presentes nos mercados relevantes analisados há como fazer inferências que não estariam distantes da realidade.

> Por fim, há que se lembrar que a Lei nº 8.884/94, em seu art. 54, §1º, inciso II, exige que os benefícios decorrentes da operação sejam distribuídos eqüitativamente com os consumidores. É fato que este é o ponto mais difícil de ser demonstrado, e que não há como se garantir, com certeza, que qualquer operação distribuirá eqüitativamente os resultados gerados pelo ato. E mais, a única forma de se garantir que o consumidor será beneficiado com a operação ocorre naqueles casos em que a redução de custo é tão grande que o novo ponto ótimo de maximização do

---

[83] Ato de Concentração nº 08012.006976/2001-58; requerentes: BR Participações e Empreendimentos S.A.; G. Barbosa e Cia. Ltda.; e Serigy Participações e Empreendimentos Ltda.

lucro da nova firma criada (Rmg = Cmg) naturalmente gerará um preço mais baixo ao mercado. Dessa forma, entendo que tal dispositivo legal dever ser entendido com cautela, para que não incorramos no erro de desaprovarmos operações que possam gerar benefícios para toda a sociedade.[84]

Dessa forma, a decisão do Cade no caso Nestlé/Garoto desempenha importante papel ao reafirmar a função protetiva da legislação de defesa da concorrência em relação ao consumidor, consagrando a aplicabilidade do *price standard* em detrimento do modelo de Williamson, por meio do qual não seria exigido o compartilhamento do excedente gerado pela redução de custos.

A decisão pela desconstituição da operação

Considerando-se que a maior parte das eficiências alegadas pelas requerentes não foi aceita pelo plenário do Cade — e, segundo o voto do conselheiro-relator, sequer chegaram perto do patamar de 12% indicado pela convergência dos modelos econométricos —, coube ao Cade, nos termos do art. 54, determinar a aprovação com restrições ou a desconstituição da operação. Como o conselheiro-relator (e todos os demais conselheiros, à exceção do presidente do Cade à época, João Grandino Rodas) entendeu que uma solução estrutural não seria suficiente para eliminar os efeitos anticompetitivos da operação (no sentido de que o "desinvestimento" de parte dos ativos adquiridos não seria suficiente para permitir a aprovação da fusão), a única solução possível, *vis-à-vis* o art. 54, I, da Lei nº

---

[84] Voto do conselheiro-relator Cleveland Prates Teixeira no Ato de Concentração nº 08012.006976/2001-58.

8.884/94, seria a desconstituição da operação. Nas palavras do voto vogal do conselheiro Roberto Pfeiffer nesse caso:

> Nas circunstâncias do caso concreto, por tudo o que foi exposto, entendo ausentes as condições estabelecidas no aludido §1º do art. 54 da Lei nº 8.884/94, o que traz a conclusão de que a determinação da desconstituição do ato de concentração entre Nestlé do Brasil e Garoto constitua ato vinculado. Com efeito, incidente a limitação à concorrência decorrente da dominação dos mercados relevantes de após a aquisição da Garoto pela Nestlé do Brasil, a única hipótese de aprovação do ato seria a de que 1) não fosse eliminada a concorrência de parcela substancial do mercado relevante e que 2) houvesse eficiências econômicas que a) fossem específicas da operação; b) não pudessem ser alcançadas de modo menos restritivo à concorrência; c) fossem compartilhadas eqüitativamente com os consumidores e usuários finais. Tais circunstâncias não ocorreram de forma cumulativa no presente caso, o que enseja o dever do Cade de reprovar a operação, sob pena de infringir a lei de defesa da concorrência.

Dessa forma, a notoriedade do caso Nestlé/Garoto decorre, também, do fato de que se trata da única operação realizada no Brasil cuja desconstituição foi determinada.[85] Como publi-

---

[85] Há notícia de dois casos em que houve a determinação da desconstituição da operação, durante a vigência da Lei nº 8.884/94. O conselheiro Roberto Pfeiffer, em seu voto vogal, esclarece: "ressalto haver precedentes do Cade que, ao apreciarem operações que se apresentavam sem o atendimento das condições elencadas no parágrafo 1º do artigo 54, determinavam a desconstituição do ato no que se refere aos mercados relevantes em que se identificou a impossibilidade de aprovação. Com efeito, no Ato de Concentração nº 06/94 (Eternit-Brasilit), o Cade considerou inexistentes as eficiências que justificariam a aprovação da operação face à eliminação da concorrência entre as duas empresas, e decidiu, por unanimidade, negar autorização para a fusão pretendida. Ademais, no Ato de Concentração nº 12/94 (Rhodia-Sinasa), o Cade, entendendo que o ato examinado, na parte relativa ao mercado de fibras sintéticas de poliéster e acrílicas, não atendia as condições estabelecidas no parágrafo 1º do art. 54 da Lei nº

camente divulgado, a decisão do Cade ainda se encontra *sub judice*, tendo em vista a verdadeira guerra de liminares levada a cabo pelas empresas envolvidas, de modo que não é possível, ainda, determinar a estabilidade dessa decisão.

Entretanto, a decisão da autoridade antitruste no caso Nestlé/Garoto representa um passo adicional das autoridades de defesa da concorrência rumo à maturidade, já que a decisão, como visto acima, baseou-se — de acordo com as informações públicas disponíveis — em um sem-número de elementos levados aos autos pelas próprias partes envolvidas, além da possibilidade de ampla defesa, o que legitima a adoção de uma medida (a desconstituição da operação) que, ainda que pouco "popular", reafirma o papel da defesa da concorrência como instrumento de política econômica de Estado.

É claro que essa decisão evidenciou, também, um dos piores aspectos da atual configuração do sistema brasileiro de defesa da concorrência, dado o lapso de tempo entre a apresentação da operação e a emissão de uma decisão final, mas isso em nada macula o processo democrático e, acima de tudo, técnico de tomada de decisão pelas autoridades.

Questões de automonitoramento

1. Após ler a apostila, e em coordenação com as questões analisadas em aula, aborde as questões colocadas no caso gerador à luz dos princípios e objetivos do modelo.
2. Por que o parecer da Seae foi inconclusivo?
3. Por que razões a definição de mercado adotada pela SDE foi distinta da definição adotada pela Seae?

8.884/94, decidiu por aprovar parcialmente a transação, determinando às requerentes, nos termos do parágrafo 9º do citado artigo, no que diz respeito à parte da transação não aprovada, a sua desconstituição".

4. Que são modelos de simulação e quais as suas aplicações? Que dados são necessários?
5. Qual a finalidade da análise de eficiências? Qual a diferença entre os *standards* mais comuns?

4

Acordos entre concorrentes

Caso gerador

Tratou-se da submissão voluntária, como ato de concentração, de operação de constituição de duas sociedades cujos objetos relacionavam-se à oferta de álcool combustível.[86]

A primeira foi a constituição da Brasil Álcool S.A., por meio de Assembléia Geral realizada em 2 de março de 1998, na Bolsa de Mercadorias e Futuros de São Paulo. As ações da Brasil-Álcool foram subscritas por 84 sócias-fundadoras, todas empresas atuantes no setor sucroalcooleiro. O controle efetivo da sociedade, todavia, concentrou-se em menos de um terço dos acionistas, sendo a Copersucar detentora de mais de 40% das ações e tendo direito de veto sobre as principais decisões. Conforme descreveu o conselheiro-relator:

---

[86] Esse caso gerador é baseado no voto proferido pelo conselheiro-relator João Bosco Leopoldino da Fonseca no Ato de Concentração nº 08012.002315/99-50 (requerentes: Copersucar Armazéns Gerais S.A., Usina da Barra S.A. e outros), proferido em 8 de novembro de 2000. Alguns argumentos foram simplificados para fins didáticos.

O objeto social da Brasil-Álcool é a comercialização, no mercado nacional e internacional, de álcool carburante anidro e hidratado e de açúcar, pelo período de três anos, prorrogáveis por tempo indeterminado, mediante votação de 75% dos acionistas com direito a voto.[87]

Paralelamente à constituição da Brasil-Álcool, foi criada a Bolsa Brasileira de Álcool Ltda., a qual operou a unificação da comercialização do álcool carburante, tendo seus sócios concordado quanto à exclusividade de comercialização do produto por intermédio da sociedade. O setor sucroalcooleiro celebrou, ainda, o Convênio de Comercialização de Álcool, assinado em 10 de maio de 1999, no qual foram fixados os princípios de fidelidade e exclusividade relativos à comercialização, bem como penalidades para os participantes que os descumprissem. Assim, toda a produção deveria ser depositada somente em armazéns gerais previamente credenciados pela Bolsa Brasileira de Álcool Ltda.

A operação foi apresentada às autoridades de defesa da concorrência com fulcro no art. 54, §3º, da Lei nº 8.884/94, ou seja, como constituição de empresas cujo resultado seria o controle de parcela superior a 20% do mercado relevante. As requerentes não informaram o seu faturamento bruto anual.

De acordo com as sócias-fundadoras, a Brasil-Álcool tinha por objetivo:

❑ canalizar esforços dos produtores para escoar o estoque de excedente do mercado nacional de álcool combustível, para conquista de novos mercados e aumento da demanda nacional;
❑ promover o reequilíbrio da oferta e demanda no mercado nacional de álcool combustível, mediante remanejamento dos estoques excedentes de produção;

---

[87] Voto do conselheiro-relator João Bosco Leopoldino da Fonseca, p. 3.

❏ evitar o colapso do setor, o que poderia resultar no desaparecimento de mercado estratégico para o país.

O mercado relevante foi definido pela Seae e pela SDE como o de produção de álcool combustível para automóveis (anidro e hidratado), com abrangência geográfica nacional. As autoridades observaram que os principais clientes das requerentes eram as grandes empresas distribuidoras de combustíveis, sendo o Brasil o maior produtor e exportador mundial de cana-de-açúcar.

Analisando o mérito da operação, o conselheiro-relator considerou que as barreiras à entrada no mercado relevante se apresentavam elevadas, em razão de:

❏ elevado volume mínimo de capital investido inicialmente;
❏ existir excesso de oferta no mercado, de forma que os preços ao consumidor seriam de difícil equação (às vezes, até mesmo inferiores ao custo de produção);
❏ haver capacidade ociosa no setor, o que sinalizaria excesso de concorrentes, dificultando a entrada de novos agentes;
❏ observarem-se barreiras institucionais, consistentes na regulação imposta pelo governo, especialmente pela Agência Nacional de Petróleo, a qual possui competência regulatória também sobre o mercado de álcool combustível.

Em defesa da operação, as requerentes alegaram que ela propiciaria aumento da produtividade; melhoria da qualidade de bens e serviços, desestimulando a atividade das distribuidoras inidôneas, que falseariam o mercado com sonegação de impostos e adulteração dos produtos; incremento tecnológico e econômico; e compartilhamento de benefícios com consumidores, evitando-se a comercialização de combustível de má qualidade ou falsificado. Além disso, a operação resguardaria interesses relativos à economia nacional, pois o setor seria responsável pela geração de grande número de empregos e representaria importante fonte de arrecadação para o erário. Ao mesmo tempo, evitar-se-ia o colapso do setor de carros movidos a álcool, devendo-se, em última análise, considerar a importância do álcool como fonte alternativa de energia em relação ao petróleo, bem como a oportunidade da formação de estoques estratégicos de combustível.

Analisando os complexos elementos atinentes ao caso, o conselheiro-relator constatou que:

> No caso agora sob exame, a concentração efetivada, através da criação de duas sociedades controladoras, mostra de imediato a sua finalidade, que é a de controlar, regular a comercialização do álcool carburante. Através da Brasil-Álcool garante-se a propriedade de determinado montante de toda a produção do álcool, e por meio da Bolsa do Álcool se garante a unificação da comercialização.
>
> Donde se deduz que o ato de concentração, autenticamente realizado, está visceralmente ligado a condutas definidas como acerto entre concorrentes para fixação de preços e de condições de venda, obtenção de conduta comercial uniforme ou concertada e divisão de mercados de produtos.[88]

Após observar que o setor apresentava um histórico de mais de 50 anos de controle estatal no que tange à cana-de-açúcar e seus derivados, o conselheiro concluiu que a operação pretendida mostrava-se incompatível com a necessária migração dos agentes para um regime de livre concorrência, caracterizando-se, em verdade, como uma tentativa de uniformização de preços e condições de venda.[89]

---

[88] Voto do conselheiro-relator João Bosco Leopoldino da Fonseca, p. 63.
[89] Idem, p. 79: "de qualquer forma, se se quer atingir a meta de uma economia de mercado, em que a eficiência das empresas passa pelo crivo de sua independência e autosuficiência, não se pode aceitar como justificativa do ato de concentração cuja aprovação se pleiteia, a adoção da medida de coordenação de preços adotada pelas requerentes".

Com relação às eficiências alegadas, entendeu o conselheiro-relator que as requerentes não haviam logrado comprová-las, tanto no que tange à possível conquista de mercado internacional — em razão da barreira institucional imposta por outros países —, quanto relativamente ao nível de empregos. Sobre a garantia de arrecadação tributária, observou o conselheiro que essa não seria uma preocupação incumbida primordialmente às requerentes, além do que, na prática, a frota de carros a álcool vinha sendo reduzida substancialmente.[90]

Em vista de todo o exposto, o Cade determinou a desconstituição da Brasil-Álcool e da Bolsa do Álcool, tendo, todavia, deixado de aplicar sanção pecuniária às requerentes por prática de conduta anticoncorrencial, uma vez que as empresas haviam submetido sua operação de boa-fé e voluntariamente às autoridades do sistema brasileiro de defesa da concorrência.

Considerando o caso apresentado, pergunta-se:

1. O que diferencia um ato de concentração horizontal das condutas horizontais sancionadas pelo direito antitruste?
2. Quais são as características necessárias, à luz do direito brasileiro, para que um acordo entre concorrentes seja passível de sanção?
3. Em que circunstâncias podem os acordos entre concorrentes ser considerados compatíveis com a legislação de defesa da concorrência e, até mesmo, estimulados?

Em sua análise sobre o tema, considere os elementos constantes da seguinte reportagem:

> *Usineiros propõem união para gerir estoque regulador*
> *Idéia é reduzir oscilação de preços. Proposta já havia sido barrada por órgão antitruste*

---

[90] Voto do conselheiro-relator João Bosco Leopoldino da Fonseca, p. 80.

Acusados de especular com o produto, os usineiros voltaram a defender a criação de uma espécie de *pool* de produtores para que eles mesmos administrem a formação de estoques de álcool combustível durante o período de entressafra. A medida, reapresentada no começo deste ano ao governo federal, serviria para evitar bruscas oscilações no preço do combustível. (...)

Esse *pool* só não funciona hoje porque o Conselho Administrativo de Defesa Econômica (Cade), vinculado ao Ministério da Justiça, vê risco de formação de cartel na venda e na fixação de preços do combustível. A idéia só teria aprovação dos órgãos de defesa da concorrência se, com a urgência do assunto, os empresários firmassem uma série de compromissos para evitar reajustes de preços combinados, levando em conta os custos de cada produtor e o local onde estão instalados.[91]

Roteiro de estudo

Livre concorrência, posição dominante e acordos entre concorrentes

A liberdade de empreender pressupõe, ou tem-lhe inerente, a liberdade de contratar. Todavia, tal liberdade não se apresenta irrestrita, havendo diversos princípios no ordenamento jurídico — inclusive a previsão expressa de que os contratos cumprirão função social (art. 421 do Código Civil) — que condicionam o exercício, pelos agentes econômicos, do direito de escolher com quem contratar e o objeto da relação contratual.

Pelo prisma econômico-regulatório, a proibição de determinados acordos entre concorrentes constitui decorrência dos princípios constitucionais da livre concorrência (art. 170, IV,

---

[91] *O Globo*, 4 mar. 2006. Caderno de Economia, p. 21.

CF/88) e da repressão ao abuso de posição dominante (art. 173, §4º, CF/88), seja esta exercida isoladamente ou em conjunto por diversos agentes.[92] No art. 21 da Lei nº 8.884/94 são encontradas descrições de acordos entre concorrentes que, quando tiverem por objeto ou a potencialidade de ocasionar os efeitos previstos no art. 20 daquele diploma legal, serão sancionados.

A respeito da firma em posição dominante, a legislação brasileira expressamente considera legítima essa situação, desde que decorrente de maior eficiência e melhor gestão empresarial (art. 20, §1º, da Lei nº 8.884/94). Por outro lado, a empresa com posição dominante estará sempre sob a avaliação mais severa da autoridade de defesa da concorrência. Conforme observou Richard Whish (2001:167), da perspectiva do direito comunitário europeu

> O fato de uma firma ter uma posição dominante não constitui um ilícito, mas, como já foi notado, uma firma em posição dominante tem a responsabilidade especial de não permitir que sua conduta impeça a concorrência não distorcida no mercado comum.

---

[92] Salomão Filho (2003:107-108) observa que a previsão da livre concorrência como princípio da ordem econômica opera uma mudança de paradigma ante as constituições anteriores: "na Carta constitucional de 1967 o abuso do poder econômico e a dominação do mercado surgiam como figuras centrais. O aumento arbitrário dos lucros e a eliminação substancial da concorrência surgiam como meras conseqüências do ilícito principal e único. (...) Em função dessa origem, a idéia de proteção direta do consumidor através da concorrência destacava-se, transparecendo de maneira clara na prevalência exegética da fórmula 'abuso do poder econômico'. Na Constituição de 1988 a expressão 'abuso do poder econômico' não tem mais esse sentido. Serve, na verdade, para introduzir os princípios relevantes e informadores do direito concorrencial — daí a expressão 'que tenha como conseqüência' ter sido substituída por 'que vise a'. Fundamentais passam a ser os 'atos tendentes à dominação de mercados e à eliminação da concorrência'. São eles que reaparecem como locuções centrais dos dois pilares da lei concorrencial brasileira: o controle das condutas (art. 20 da Lei nº 8.884/1994) e o controle das estruturas (art. 54 da Lei nº 8.884/1994)".

A legislação brasileira mostra-se bastante restritiva no que tange à presunção de posição dominante. A Lei nº 8.884/94, ao dispor sobre a atuação repressiva das autoridades de defesa da concorrência, prevê como indicativa de posição dominante a detenção de apenas 20% do mercado relevante de determinado bem ou serviço (art. 20, §3º, Lei nº 8.884/94). Dessa forma, elevada gama de agentes econômicos mostra-se potencialmente sujeita a praticar ilícitos anticoncorrenciais e a sofrer as correspondentes sanções, condutas essas que se dividem em horizontais ou verticais, conforme envolvam agentes atuantes no mesmo segmento de mercado ou em mercados verticalmente relacionados.

Os acordos entre concorrentes classificam-se como restrições horizontais e, quando for o caso, serão analisados à luz dos arts. 20 e 21 da Lei nº 8.884/94, que disciplinam as condutas anticoncorrenciais.[93]

Igualmente, as *joint ventures* cooperativas, como o são os acordos que propiciam a conjugação de esforços entre concorrentes para o desenvolvimento de nova tecnologia ou o lançamento de um novo produto, também constituem acordos entre concorrentes.[94]

Assim, na rubrica "acordos entre concorrentes" há de se fazer distinção entre aqueles nos quais as eficiências sobressaem aos eventuais efeitos restritivos e aqueles nos quais sobres-

---

[93] Embora atos de concentração entre agentes atuantes no mesmo mercado relevante (como, por exemplo, um ato de fusão entre antigos concorrentes) também possam se caracterizar, em sentido amplo, como espécies de acordos entre concorrentes, tais atos são analisados com base no art. 54 da Lei nº 8.884/94.

[94] Vale mencionar que as duas autoridades norte-americanas com competência em matéria de defesa da concorrência exararam as *Guidelines for collaboration among competitors*, na qual apresentam alguns critérios para aferição da licitude ou não de acordos entre concorrentes. As *guidelines* apresentam algumas "zonas de segurança", nas quais os acordos serão considerados pró-competitivos, como, por exemplo, as colaborações entre concorrentes cujas participações de mercado respondam por menos de 20% dos mercados relevantes que possam vir a ser afetados pela operação (e desde que não se esteja diante de práticas consideradas ilícitas *per se*). Ver US Department of Justice and Federal Trade Comission (2006).

sai a intenção de redução da oferta e aumento de preços (cujos exemplos clássicos são os cartéis). Portanto, o objeto do acordo pretendido pelos concorrentes e, por conseguinte, o seu potencial para promoção de eficiências mostram-se essenciais para que se possa decidir sobre a sua licitude. A esse respeito, cumpre recordar que os mercados em situação de *eficiência alocativa* são definidos como aqueles nos quais não se pode melhorar a situação de um determinado agente (produtor ou consumidor) sem acarretar prejuízo a outro:

> O termo "eficiência alocativa" diz respeito a configurações econômicas nas quais, *grosso modo*, somente é possível melhorar a situação de um agente (ou grupo de agentes) piorando a de um outro agente. Rigorosamente falando, configurações com esse atributo representam arranjos econômicos de máxima eficiência — máxima no sentido do valor máximo de uma função, no caso, a função definida pela soma dos excedentes do produtor e do consumidor.[95]

Assim, os acordos entre concorrentes devem ser combatidos quando tiverem o potencial de produzir *efeito líquido negativo* sobre o bem-estar social, ocasionando redução no excedente total de bem-estar social e ineficiência alocativa.

Ilícitos anticoncorrenciais e acordos entre concorrentes

O art. 20 da Lei nº 8.884/94 determina serem ilícitos anticoncorrenciais os atos, sob qualquer forma manifestados, que tenham por *objeto* ou *possam produzir* os efeitos de limitar, falsear ou de qualquer forma prejudicar a livre concorrência ou

---

[95] Schuartz, 2002:101.

a livre-iniciativa; dominar mercado relevante[96] de bens ou serviços; aumentar arbitrariamente os lucros; ou exercer de forma abusiva posição dominante.

Acerca das práticas vedadas pela Lei n° 8.884/94, merece menção o fato de substancial parcela da doutrina condenar a inclusão da figura do aumento arbitrário dos lucros entre os ilícitos antitruste.[97]

Em primeiro lugar, trata-se de conceito de difícil quantificação, sendo de difícil resposta o questionamento sobre a partir de que montante e a quem compete definir quando determinado lucro se torna "arbitrário".

Deve-se também considerar que lucros abusivos podem ser uma realidade transitória e esperada em mercados oligopolizados, hipótese em que constituirão um incentivo ao ingresso de novos agentes, pois a cobrança de preços supracompetitivos, na ausência de conluios cartelizantes, pode constituir forte incentivo para que outras empresas busquem ingressar no mercado. E, nessa medida, não seriam intrinsecamente incompatíveis com o princípio da livre concorrência, mas antes um estágio necessário na sua concretização.[98]

---

[96] Nos termos do *Guia para análise econômica de atos de concentração horizontal* (Portaria Conjunta Seae/SDE nº 50, de 1-8-2001), "o mercado relevante se determinará em termos dos produtos e/ou serviços (de agora em diante simplesmente produtos) que o compõem (dimensão do produto) e da área geográfica para qual a venda destes produtos é economicamente viável (dimensão geográfica)".

[97] Carvalho, 1995:49; Barroso, 2001:187.

[98] Em todo caso, conforme observa Carvalho (1995:49), o legislador ordinário não incorreu na mesma terminologia do constituinte, preferindo, à menção ao lucro abusivo, a previsão do aumento de preços sem justa causa. O art. 21, parágrafo único, da Lei nº 8.884/94 fornece alguns critérios para a apuração dos preços excessivos ou do aumento injustificado de preços: a) o preço do produto ou serviço, ou a sua elevação, não justificados pelo comportamento do custo dos insumos ou pela introdução de melhorias de qualidade; b) o preço do produto anteriormente produzido, quando se tratar de sucedâneo resultante de alterações não-substanciais; c) o preço de produtos e serviços similares, ou sua evolução, em mercados competitivos comparáveis; e d) a existência de ajuste ou acordo, sob qualquer forma, que resulte em majoração do preço de bem ou serviço ou dos respectivos custos. A comparação sugerida pela lei prevê como

De modo geral, o ponto de partida da análise de ilícitos antitruste são os conceitos de *mercado relevante* e *posição dominante*. A figura jurídica "posição dominante" corresponde ao conceito econômico de poder de mercado, o qual pode ser definido como a possibilidade de uma empresa aumentar seus lucros por meio da redução da oferta e da cobrança de preços superiores ao competitivo.[99] Conforme esclarece Schuartz (2002:104):

> Poder de mercado é (...) o conceito mais geral a partir do qual os demais podem ser construídos como espécies, em função seja do grau de poder detido por um ou mais agentes econômicos num dado mercado, seja ainda da maior ou menor liberalidade no tocante à dimensão (ou dimensões) em que se admite expressar-se o poder de mercado. Ambas variáveis podem ser importantes no que se refere à construção de hipóteses para fins de imputação de conseqüências jurídicas diferenciadas. De uma perspectiva teórica, é sem dúvida o *quantum* de poder de mercado detido por agente econômico a variável fundamental. É essa quantificação, com efeito, que permite estimar variações nos excedentes do consumidor e do produtor, e mensurar a "perda de peso morto" (*deadweight loss*) associada ao exercício do correspondente poder, bem como a magnitude da redução de custos eventualmente necessária para compensá-la.

A Resolução Cade nº 20, de 9 de junho de 1999, apresenta em seu anexo um roteiro para a análise de práticas potencial-

---

parâmetro da licitude do aumento de preços o fato de ele responder a uma alteração de elementos que os influenciam objetivamente, tais como incremento no preço das matérias-primas, melhorias na qualidade do bem ofertado e evolução observada no setor como um todo.

[99] Hovenkamp, 1999:78.

mente anticompetitivas, definindo as práticas restritivas horizontais da seguinte forma:[100]

> são aquelas que consistem na tentativa de reduzir ou eliminar a concorrência no mercado, seja estabelecendo acordos entre concorrentes no mesmo mercado relevante com respeito a preços ou outras condições, seja praticando preços predatórios.

Adiante, a Resolução Cade nº 20/99 esclarece as razões para a proibição dessas práticas:

> No caso das práticas horizontais, o principal efeito anticoncorrencial é o de reduzir ou eliminar a concorrência no mercado relevante, seja a curto prazo (cartéis e outros acordos entre empresas, tabelamentos de associações de profissionais), seja a médio ou longo prazos (preços predatórios).

No que diz respeito aos acordos entre concorrentes, trata-se de condutas horizontais colusivas cujos efeitos podem consistir na "fixação conjunta de uma das principais variáveis concorrenciais", quais sejam, preço, quantidade, qualidade e mercado.[101]

Acordos entre concorrentes: regra per se e regra da razão

A doutrina antitruste norte-americana, a partir dos precedentes da Suprema Corte, divide as condutas anticoncorrenciais entre aquelas que são ilícitas *per se* e as que somente

---

[100] Esclarecemos que a Resolução Cade nº 45/07 revogou expressamente os arts. 1º a 4º da Resolução Cade nº 20/98, porém não revogou os seus anexos. Dado o caráter meramente orientador desses anexos, não há óbice à utilização das definições ali previstas para fins didáticos.
[101] Salomão Filho, 2003:262.

serão sancionadas após um estudo com fulcro na regra da razão, com uma análise casuística dos potenciais efeitos anticompetitivos comparativamente às eficiências esperadas com a prática em questão.

A distinção entre as duas perspectivas parte do pressuposto de que nem todas as limitações à concorrência são intrinsecamente deletérias, podendo geralmente haver motivações econômicas racionais (como redução de custos de produção, incremento da distribuição dos produtos, maior acesso a mercados), assim como morais e sociais (como o sentimento de que devem ser evitadas condutas oportunistas e premiadas as inovações, mediante, por exemplo, monopólio estatal conferido pelas patentes), a justificarem determinadas restrições.

Assim, a necessidade de temperamento do Sherman Act — a pioneira legislação de repressão aos ilícitos anticoncorrenciais — foi reconhecida no julgamento do caso Standard Oil.[102] Em seu voto vencedor, o juiz White afirmou que as proibições estatuídas no Sherman Act deveriam ser interpretadas à luz da razoabilidade, princípio geral da *common law* que constituiria a medida da legalidade.[103] Dessa forma, passou-se a admitir que a

---

[102] Standard Oil Co. *versus* United States, 211 U.S. 1 (1910). Disponível em: <www.findlaw.com>. Acesso em: 1 jan. 2005.
[103] White observou que a proibição de monopolização já se encontrava presente nos preceitos da *common law*, devendo o Sherman Act ser interpretado em consonância com o significado atribuído a ela desde a *common law*. Assim, deveriam ser punidas apenas aquelas condutas cujo efeito direto e imediato fosse a restrição ao comércio. Sobre a finalidade do Sherman Act interpretado à luz da *common law*, manifestou-se o juiz da Suprema Corte: "embora a lei, pela abrangência das enumerações contidas nas seções 1 e 2, torne certo que o seu propósito era prevenir restrições indevidas de qualquer natureza, todavia, mediante a omissão a qualquer proibição direta ao monopólio em concreto, ela indica uma consciência de que a liberdade consagrada pelo direito individual de contratar, quando não exercida de forma imprópria ou indevida, era o meio mais eficiente de prevenir o monopólio, uma vez que a operação das forças centrífuga e centrípeta resultantes do direito de contratar livremente era o meio pelo qual o monopólio seria inevitavelmente prevenido, se nenhum poder externo ou soberano o impusesse, e nenhum direito de celebrar contratos ilegais, com tendências

maioria das práticas mercantis não podia ser taxada de ilícita *a priori*, mas, ao contrário, tinha de ser analisada casuisticamente.

Assim, a seção 1 do Sherman Act — que proíbe os "acordos em restrição ao comércio" — foi sendo gradativamente moldada pela jurisprudência, a qual passou a exigir, para a condenação de acordos entre concorrentes, os requisitos de que os agentes econômicos detivessem poder de mercado e tivessem se engajado em práticas que não pudessem ser toleradas, dado o seu *efeito* ou *intuito* de proteger ou fortalecer uma posição de (quase) monopólio. Portanto, a jurisprudência norte-americana determinou que, para decidir se uma prática mercantil se mostra incompatível com a legislação de defesa da concorrência, faz-se necessária uma análise dos objetivos e do potencial anticompetitivo da prática investigada.

A clássica exceção seriam os cartéis (*hard-core cartels*), aos quais se aplica a doutrina da ilicitude *per se*, de forma que, comprovada a ocorrência da conduta (por exemplo, uma combinação de preços ou divisão de território entre agentes com poder de mercado), seguir-se-á a sanção, e as autoridades não aceitarão justificativas em termos de eficiências.[104]

Além dos cartéis explícitos (classificados pela doutrina americana como *naked restraints*), existe um conjunto de possíveis acordos entre concorrentes (*ancillary restraints*) cujos efeitos, embora nem sempre *prima facie* observáveis, podem se

---

monopolistas, fosse permitido. Em outras palavras, a liberdade de contratar era a essência da liberdade, relativamente a restrições indevidas ao direito de contratar". Adiante, especificamente sobre a adoção da regra da razão com critério aferidor da legalidade dos atos, conclui: "se o critério pelo qual se determina em todos os casos se qualquer contrato, combinação etc. é uma restrição ao comércio à luz do entendimento da lei é o do efeito direto ou indireto dos atos envolvidos, então claramente a regra da razão se torna o guia".

[104] Hovenkamp (1999:274) utiliza a terminologia *permissible* e *impermissible* para se referir ao juízo realizado pelo Poder Judiciário, com base na regra da razão, sobre práticas pretensamente monopolísticas.

apresentar deletérios, merecendo sanção pelas autoridades. A primeira espécie de conduta é sancionada independentemente de uma análise quanto aos seus efeitos, ao passo que as segundas obedecem ao crivo da regra da razão. A esse respeito, observa Schuartz (2002:129):

> Quando uma determinada prática horizontal não se deixa enquadrar na categoria *hard-core*, ela cairá na gigantesca vala das condutas investigadas de acordo com a "regra da razão". Em verdade, condutas *hard-core* são apenas a ponta do *iceberg* que representa o conjunto dos possíveis ilícitos antitruste, e sua relativa proeminência no imaginário de empresários e advogados deve-se em grande parte a sua superior visibilidade. Abaixo da superfície, porém, se esconde uma miríade de comportamentos e estratégias possivelmente anticompetitivos cujo perigo é, justamente, o de não aparecerem enquanto tais para aqueles que os praticam *in the ordinary course of business*.

Adicionalmente, Schuartz (2002:116) menciona os benefícios em termos de eficiência e redução dos custos — para a administração pública — da aceitação da distinção entre condutas sancionáveis *per se* e aquelas analisadas sob a regra da razão:

> Com efeito, a distinção se refere a tipos diferentes — e, mesmo aqui, não radicalmente diferentes — de regras de análise de condutas para fins de determinação qualitativa da natureza de seus prováveis efeitos competitivos. É o reconhecimento dessas regras (fundado em argumentos de procedência científico-econômica sancionados pela experiência acumulada no contencioso administrativo e judicial) e sua formulação explícita sob a forma de critérios de delimitação e distribui-

ção de obrigações referentes à questão probatória que tornam um sistema de prevenção e repressão de condutas anticompetitivas suficientemente previsível, e isso tanto para as autoridades aplicadoras como para os agentes econômicos privados. Assim é que, bem ao contrário do que se teme, os ganhos para o setor privado vinculados à previsão expressa da regra *per se* mais que compensariam os eventuais custos, já que, ao pequeno número de condutas sancionáveis sob orientação dessa regra corresponderia um enorme número de condutas cuja licitude estaria também assegurada *per se*.

A referida distinção foi, com as devidas nuanças, incorporada pela legislação brasileira de defesa da concorrência. A Resolução Cade nº 20/99, ao definir as práticas restritivas horizontais, divide-as em acordos entre concorrentes e preços predatórios. Em seguida, subdivide o primeiro bloco em cartéis e outros acordos entre empresas. A respeito destes últimos, a resolução dispõe:

> restrições horizontais que envolvam apenas parte do mercado relevante e/ou esforços conjuntos temporários voltados à busca de maior eficiência, especialmente produtiva ou tecnológica.

> Estes exigem avaliação mais complexa, tanto por terem efeitos anticompetitivos possivelmente menores que os cartéis, quanto pela necessidade de avaliar eventuais eficiências econômicas, requerendo uma aplicação mais ponderada do princípio da razoabilidade.

Assim, nossa legislação também diferencia a análise dos cartéis daquela que deve ser empreendida nos demais casos de práticas horizontais, em que são mais bem aceitas as justificativas em termos de eficiências.

Os cartéis

O exemplo mais comum de conduta horizontal é o cartel, o qual constitui um acordo explícito ou tácito entre concorrentes do mesmo mercado, envolvendo parte substancial do mercado relevante, em torno de itens como preços, cotas de produção e distribuição e divisão territorial. Seu objetivo consiste em obter lucros supracompetitivos, por meio da redução da oferta e conseqüente aumento de preços, de modo que pode ser definido como "um acordo entre concorrentes com o objetivo de maximização conjunta de lucro".[105]

O ponto nevrálgico para se compreender o efeito de um cartel consiste no fato de que os agentes econômicos dos quais se espera um comportamento de rivalidade — isto é, de efetiva competição — passam a agir de forma cooperativa e uniforme, estabelecendo conjuntamente elementos-chave para o funcionamento do mercado em que atuam, tais como preço e quantidade ofertada, na busca de obtenção de lucro de monopólio. Conforme observam Stiglitz e Walsh (2003:209), o efeito do conluio entre concorrentes é que esses passam a atuar "em conjunto, como se fossem um monopólio, e dividem entre si os lucros que daí resultam"; ou seja, agem como se fossem um único agente econômico.

Schuartz (2002:124) aponta três condições necessárias à existência de um cartel:

❏ a capacidade dos agentes econômicos de aumentarem preços acima do nível competitivo, sem experimentarem um aumento substancial no grau de competição entre concorrentes potenciais;

---

[105] Oliveira e Rodas, 2004:41.

- a sanção jurídica prevista para a formação do cartel é pequena, comparativamente aos ganhos econômicos esperados;
- os custos de implementação e monitoramento do cartel são baixos, comparativamente aos ganhos vislumbrados.

Adicionalmente, Schuartz (2002:125) apresenta um conjunto de características que facilitam a estabilidade de acordos cartelizantes:

- pequeno número de agentes, o que facilita o monitoramento das participações de mercado (*market share*);
- preços que não flutuam de forma independente e podem ser facilmente conhecidos, o que igualmente facilita o monitoramento do cartel;
- agentes que vendem o mesmo produto e estão situados na mesma etapa da cadeia de produção, uma vez que, se há agentes verticalmente integrados, torna-se mais difícil aferir se está ocorrendo ou não desvio na participação no cartel.

Em síntese, algumas características do mercado relevante favorecem a formação de um cartel, tais como o alto grau de concentração do mercado (poucos agentes), as barreiras à entrada de novos competidores, a homogeneidade de produtos e de custos e, ainda, as condições estáveis de custo e de demanda.

As características acima apontadas como tendentes à formação de cartéis centram-se, em grande medida, no seu mecanismo facilitador do monitoramento da atuação entre os participantes. Isso porque, como as legislações antitruste em geral reprimem expressamente tais práticas, os custos de manutenção dos cartéis não se apresentam desprezíveis, havendo ainda sempre latente o risco de um agente afastar-se do combinado, conforme explanam Stiglitz e Walsh (2003:210):

> A um preço bem alto — bem acima do custo marginal de produção — vale a pena para uma firma individual enganar os

demais e expandir a produção escondida. Os membros do cartel não podem reunir-se para discutir a fixação de preços ou restringir a produção. Em geral eles têm de confiar no conluio tácito — cada um restringe o produto supondo que os demais o fazem também. Eles não podem assinar um contrato com valor legal simplesmente porque o conluio para fixar preços é ilegal; por isso têm de confiar na auto-regulação, que pode ser difícil e cara.

Assim, um dos aspectos também característicos dos cartéis é a possibilidade de os demais participantes imporem sanções rápidas e eficazes contra eventual "esperteza" do agente que tente aumentar sua participação de mercado por meio de violação das "regras do cartel". A esse respeito, merece menção a lição de Fábio Nusdeo (2000:274), no sentido de que a formação de cartéis é mais comumente observada em mercados em expansão, comparativamente àqueles em fase de retração:

> Os cartéis em geral prosperam nas fases de expansão dos mercados, quando os seus participantes sentem haver espaço para todos. Já as crises são grandes destruidoras dos cartéis, pois quando ocorrem, por uma questão de sobrevivência, algumas unidades se animam a descumprir o acordo existente, por exemplo, vendendo abaixo do preço fixado pelo cartel, sob a forma de descontos.

A Lei nº 8.884/94 expressamente sanciona os cartéis no art. 21, incisos I, II, III e VIII, este último especificamente destinado aos acordos para frustrar concorrências públicas (procedimentos licitatórios):

> Art. 21. As seguintes condutas, além de outras, na medida em que configurem hipótese prevista no art. 20 e seus incisos, caracterizam infração da ordem econômica:

I – fixar ou praticar, em acordo com concorrente, sob qualquer forma, preços e condições de venda de bens ou de prestação de serviços;

II – obter ou influenciar a adoção de conduta comercial uniforme ou concertada entre concorrentes;

III – dividir os mercados de serviços ou produtos, acabados ou semi-acabados ou as fontes de abastecimento de matérias-primas ou produtos intermediários; (...)

VIII – combinar previamente preços ou ajustar vantagens na concorrência pública ou administrativa.

Cumpre lembrar, em todo caso, que, nos moldes da sistemática adotada pela Lei nº 8.884/94, essas práticas somente serão sancionadas na medida em que tiverem potencial para produzir os efeitos proibidos pelo art. 20 desse diploma legal.

Paralelismo de condutas e ilícito anticoncorrencial

Entre as formas veladas de acordos entre concorrentes, a doutrina ressalta a preocupação com os efeitos decorrentes de práticas paralelas intencionais, sobre as quais observa Salomão Filho (2003:263):

> A colusão na linha horizontal pode ocorrer tanto por acordo expresso como pelo chamado "comportamento paralelo intencional", que (...) pode ser entendido como um acordo tácito. Ambas as formas encontram-se previstas em nosso direito positivo. A lei concorrencial brasileira prevê, com efeito, a ilicitude tanto da fixação (acordo expresso) quanto da prática (acordo tácito) de preços ou condições de venda uniformes entre concorrentes.

O paralelismo de condutas entre concorrentes, isto é, o fato de um agente econômico "seguir" ou "copiar" a ação da firma com posição dominante não é sancionado pelas normas de defesa da concorrência, desde que o faça isoladamente (isto é, sem qualquer acordo prévio com o concorrente) e que haja justificativa econômica racional para tal ato isolado (como, por exemplo, a ausência de expectativa de incremento de participação de mercado, caso não siga eventual aumento de preços perpetrado pelo líder).

Todavia, quando se logra demonstrar que esse paralelismo não decorre intrinsecamente da situação fática em que se encontra o agente "seguidor" em face do "líder" — mas em verdade mascara a existência de um acordo tácito —, então poderá haver um ilícito:

> A importância desse esforço de separação é clara: se o paralelismo que se observa no plano do comportamento estratégico dos agentes é determinado por características estruturais do mercado relevante que, por assim dizer, se lhes são impostas como parâmetros nos processos decisórios individuais, a implicação é a inexistência de fundamento racional para a punibilidade desse padrão de conduta. Não é à toa, portanto, que o paralelismo consciente, em si, seja em vários ordenamentos jurídicos considerado um padrão de comportamento lícito, como, por exemplo, nos Estados Unidos, na União Européia, na Alemanha e também no Brasil.[106]

Portanto, para haver ilícito, faz-se necessário que o paralelismo intencional permita inferir a existência de um acordo tácito entre concorrentes, cujos efeitos se aproximem dos observados nos cartéis clássicos.

Por outro lado, nem todo comportamento paralelo resulta de um acordo tácito, mas antes pode ser decorrência de uma estrutura de preços semelhantes:

---

[106] Schuartz, 2002:126.

A movimentação paralela de preços, a formação comum de estoques ou, ainda, a manutenção de participação relativa no mercado são, todos eles, exemplos clássicos de comportamento paralelo entre os agentes econômicos. Não são, no entanto, nem suficientes nem necessários para caracterizar a intenção. Só evidenciam o comportamento paralelo. Não é possível ter certeza se o comportamento é intencional, visando a eliminar a concorrência interna, ou se consiste apenas em um comportamento determinado pelas circunstâncias de momento ou pela racionalidade dos agentes que atuam como verdadeiros concorrentes. Tratando-se de concorrentes em um mesmo mercado, a pressão dos custos é freqüentemente idêntica para ambos, o que força a simultânea movimentação para cima dos preços. (...)

Por outro lado, o persistente aumento paralelo e injustificado de preços de concorrentes dotados em seu conjunto de poder no mercado indica — para utilizar o raciocínio da teoria dos jogos — que os jogadores estão adotando comportamento visando a um fim coletivo e não individual. Trata-se, portanto, de um jogo cooperativo.[107]

Assim, a chave para o deslinde da questão reside em se analisar se os concorrentes atuam coordenadamente para evitar redução de preços,[108] ou se estão meramente reagindo uni-

---

[107] Salomão Filho, 2003:274.
[108] Eis como Salomão Filho (2003: 274-275) analisa o tema do paralelismo intencional a partir da teoria dos jogos: "o comportamento dos jogadores que sempre aumentam os preços e têm resistência a reduzi-los demonstra a compreensão por todos de que uma redução de preços só pode ser lucrativa naquela mesma rodada, tornando-se imediatamente deficitária na seguinte, em face da redução de preços do outro jogador. Caso os agentes econômicos tenham poder de mercado e financeiro semelhantes, eles podem presumir a possibilidade infinita de reação dos concorrentes e, portanto, entender o jogo como de duração indeterminada. Nessa hipótese a estratégia individual claramente não é a preferível. O 'jogo' tende, portanto, a ser cooperativo".

lateralmente a circunstâncias externas que os afetam de forma semelhante.

Os boicotes

Além dos cartéis, merecem menção, entre os acordos entre concorrentes, os boicotes, os quais constituem acordos entre dois ou mais agentes econômicos para não contratarem com um terceiro, visando alijá-lo do mercado.

No direito norte-americano, classicamente os boicotes eram considerados ilegais *per se* à luz do Sherman Act. Atualmente, Hovenkamp (1999:219) esclarece que somente serão analisados sob a regra *per se* caso não haja qualquer explicação racionalmente legítima capaz de justificar a atuação conjunta dos agentes que se recusam a contratar com um terceiro:

> De forma geral, recusas conjuntas de contratar deveriam ser tratadas como instrumentos para realização de *joint ventures* ou outras associações entre concorrentes para atuarem de forma mais eficiente. Isso não as torna legais, mas significa que, na maioria das vezes, a análise *per se* é inapropriada. A regra *per se* é reservada aos chamados *naked boycotts* — isto é, às recusas conjuntas de contratar com outro concorrente, cliente ou fornecedor, quando não há qualquer possibilidade de que a recusa seja ancilar a uma atividade conjunta legítima.

Entidades associativas como mecanismo facilitador da colusão

Associações comerciais, sindicatos patronais e outras entidades associativas são amplamente legitimados por nosso ordenamento jurídico, e sua importância para a sociedade não se apresenta objeto de questionamento.

Todavia, em sede de direito da concorrência, observa-se que essas entidades — justamente por congregarem concorrentes — podem, em determinadas circunstâncias, vir a ser utilizadas como mecanismos facilitadores de acordos ilícitos entre concorrentes, possibilitando a troca de informações sensíveis sobre o funcionamento do mercado e os elementos essenciais à concorrência.

Hovenkamp (1999:231) alude, como exemplos de possíveis práticas anticompetitivas perpetradas através de entidades associativas, aos acordos para vedar o acesso de novos membros, na ausência de uma razão objetiva plausível, ou para condicioná-lo ao cumprimento de exigências abusivas (como o pagamento de elevadas taxas de adesão ou requisitos subjetivos), de modo que o não ingresso do agente na entidade tem por efeito prático a sua impossibilidade ou extrema dificuldade de operar no mercado.

De acordo com Hovenkamp, esses acordos entre concorrentes devem ser analisados à luz da regra da razão, pois a recusa pode se mostrar ancilar à persecução de objetivos legítimos, tais como a redução de custos da informação e a promoção do objeto social da entidade.[109] Por outro lado, a conduta deverá ser sancionada caso reste evidenciado que a referida conduta ou facilita a prática de uma *naked restriction*, tal como a fixação de preços, ou não se mostra razoável, por não apresentar uma

---

[109] Diz Hovenkamp (1999:231): "recusas coletivas são um importante mecanismo pelo qual associações comerciais, mercados privados, cooperativas e associações profissionais aplicam normas e *standards* relacionados à qualidade de produto ou serviço. A disciplina dos infratores geralmente é feita através da sua exclusão como membro ou da imposição de penalidade que de alguma forma restringe o seu acesso ao mercado. Na maioria das vezes, questionamentos a essa disciplina são analisados como recusas conjuntas de contratar, à luz da regra da razão. *Standards* e regras são geralmente no melhor interesse dos consumidores, porque reduzem substancialmente o custo da informação e, por conseguinte, os recursos despendidos pelos consumidores na busca por informações".

razão economicamente legítima que justifique o exercício de poder de mercado.[110]

Assim, em determinadas ocasiões, os sindicatos podem constituir-se em agentes catalisadores da uniformização de condutas comerciais entre concorrentes. A título de ilustração, cumpre mencionar a sanção cominada pelo Cade ao Sindicato das Empresas Proprietárias de Jornais e Revistas do Município do Rio de Janeiro e às três principais empresas de jornais da cidade do Rio de Janeiro, por formação de cartel, prática que teria sido potencializada pela atuação do sindicato. A decisão restou assim ementada:

> Processo administrativo. Infração da ordem econômica. Formação de cartel entre empresas jornalísticas atuantes no estado do Rio de Janeiro. Coesão do conjunto probatório. Aumento concertado de preços divulgado através de publicação na imprensa. Posição dominante do grupo. Interveniência do sindicato da categoria. Exegese do art. 20 da Lei nº 8.884/94. Conduta caracterizada. Aplicação de multa pecuniária e penalidades acessórias. Exclusão da imputação capitulada no art. 21, inciso XXIV, da Lei nº 8.884/94.[111]

Por fim, apenas para esclarecimento, cabe lembrar que, nos termos do art. 15 da Lei nº 8.884/94, as normas antitruste aplicam-se indistintamente a pessoas físicas ou jurídicas, de direito público e privado, com ou sem natureza empresarial, abrangendo, portanto, inclusive as entidades associativas.

---

[110] Hovenkamp, 1999:234.
[111] Processo administrativo nº 08012.002097/99-81; representante: Secretaria de Acompanhamento Econômico do Ministério da Fazenda (Seae/MF); representados: Sindicato das Empresas Proprietárias de Jornais e Revistas do Município do Rio de Janeiro; Editora O Dia S.A.; Infoglobo comunicações Ltda.; e Jornal do Brasil S.A.; conselheiro-relator: Ricardo Villas Bôas Cueva; julgado em 9 de março de 2005.

Acordos permitidos

No sistema de livre-iniciativa esculpido na Constituição de 1988, a intervenção do Estado na ordem econômica dá-se precipuamente mediante sanção às práticas distorcidas no mercado, que violam os princípios constitucionais da livre-iniciativa e da repressão ao abuso do poder econômico (arts. 170, IV e 173, §4º). Assim, na ausência de risco de efeitos deletérios ao mercado, acordos entre concorrentes não devem ser condenados.

De fato, existem situações em que os acordos entre concorrentes devem ser estimulados, dada a sua potencialidade de promoção de eficiências, como observam Oliveira e Rodas (2004:40-41):

> A economia moderna exige, contudo, diferentes formas de cooperação entre concorrentes. Isso porque aumentou o grau de interdependência entre as diferentes unidades produtoras. Assim, por exemplo, empresas de alta tecnologia podem fazer um acordo para desenvolver um novo processo ou produto; agricultores de uma região colaboram na erradicação de uma praga; pecuaristas adotam medidas de forma coordenada para combater uma doença como a febre aftosa; fornecedores acordam em relação a um padrão técnico necessário para atender clientes em escala global e assim por diante. Em situações desse tipo, as associações setoriais exercem papel importante na organização das empresas individuais.

Ainda segundo Oliveira e Rodas, existem três diretrizes que podem auxiliar na conclusão sobre se determinado acordo entre concorrentes apresenta ou não caráter anticoncorrencial, quais sejam:

❏ poder de mercado — se as empresas não possuem poder de mercado, isto é, não têm capacidade para influenciar os critérios de preço e quantidade, não há potencialidade de ilícito anticoncorrencial;

❏ natureza das informações intercambiadas — se as informações compartilhadas disserem respeito a preços e condições comerciais de agentes econômicos individuais, o acordo deve ser proibido; todavia, a divulgação de informações agregadas sobre o desempenho de determinado setor constitui prática permitida;
❏ adoção de conduta comercial uniforme — quaisquer práticas que possam ter esse efeito serão consideradas ilícitas à luz da Lei nº 8.884/94.

Além disso, são comumente citadas pela doutrina, entre as razões que podem justificar a ausência de sanção de condutas colusivas horizontais, a existência de crises conjunturais (os "cartéis de crise"), o risco de dispersão de preços e o incremento da exportação em virtude da atuação dos cartéis de exportação.[112]

À luz do direito europeu, Whish (2001:501) expõe a questão nos seguintes termos:

> Acordos de cooperação horizontal podem levar a problemas concorrenciais quando as partes acordam sobre fixação de preços, quantidade ou divisão de mercados, ou quando a cooperação permite que as partes mantenham ou aumentem o seu poder de mercado, portanto causando efeitos relativamente a preços, oferta, inovação ou variedade ou qualidade dos produtos. Todavia (...) substanciais benefícios econômicos podem fluir da cooperação horizontal, particularmente considerando a natureza

---

[112] Segundo Forgioni (1998:341), "é bastante comum, e inclusive incentivado por vários governos, que os exportadores situados em um mesmo mercado relevante geográfico unam-se de forma a enfrentar a concorrência internacional e maximizar os benefícios decorrentes da economia de escala. São os chamados 'cartéis de exportação'. Os governos dos países de origem dos membros do cartel, justamente para propiciar o fortalecimento de suas exportações, costumam não aplicar a Lei Antitruste para coibir esse tipo de ajuste".

dinâmica dos mercados, a globalização e a rapidez do progresso tecnológico. Cooperação pode ser um meio para as firmas compartilharem riscos, pouparem recursos, congregarem *know-how* e lançarem inovações mais rapidamente; os benefícios às pequenas e médias empresas são especialmente notáveis.

A legitimidade de determinados acordos entre concorrentes é reconhecida pela Resolução Cade nº 20/99, ao dispor que "no caso das práticas horizontais, eventuais benefícios podem estar relacionados apenas à realização de investimentos que incorporem — ou à interação entre ativos complementares já existentes, que proporcionem — maior eficiência produtiva ou tecnológica, em determinados acordos entre empresas; ou o suporte à qualidade dos serviços prestados, em certos casos de preços tabelados por associações de profissionais".

Critérios de análise de práticas restritivas (horizontais e verticais)

As etapas de análise de uma prática observada no mercado, para que se possa concluir se constitui ou não infração da ordem econômica, podem ser assim resumidas, de forma esquemática e simplificada:[113]

❑ *caracterização da conduta* — identificação da natureza de conduta e definição de seu enquadramento legal; verificação das provas constantes dos autos;
❑ *delimitação do mercado relevante e análise da posição dominante* — estimativa da participação dos agentes econômicos no mer-

---

[113] Roteiro previsto em anexo à Resolução Cade nº 20/99. Conforme já esclarecido, a Resolução Cade nº 45/07 revogou expressamente os arts. 1º a 4º da Resolução Cade nº 20/98, porém não revogou os seus anexos. Dado o caráter meramente orientador desses anexos, não há óbice à utilização do roteiro ali previsto para fins didáticos.

cado relevante e análise das condições concorrenciais efetivas e potenciais (barreiras à entrada, inclusive institucionais);
❑ *análise da conduta específica* — avaliação dos danos anticoncorrenciais da conduta em análise sobre este ou outro mercado; exame dos possíveis ganhos de eficiência econômica e outros benefícios gerados pela conduta; avaliação (ponderação) dos efeitos anticompetitivos e das eficiências econômicas da conduta.

Após empreendidos os passos acima, deverá ser realizado um juízo de razoabilidade, condenando-se as condutas cujos efeitos anticompetitivos não sejam suficientemente compensados pelos benefícios advindos da prática restritiva, isto é, serão proibidas as condutas que propiciem a geração de efeito líquido negativo sobre o mercado relevante.

Tais etapas de análise mostram-se essenciais para que não se cometam injustiças na observação da conduta de concorrentes. Isso porque, além do resultado ineficiente, caso fossem proibidos todos e quaisquer encontros entre concorrentes ou a formação de associações, haveria violação de direitos constitucionalmente consagrados, como os de reunião e de associação.[114]

Assim, as situações de cooperação ou os acordos entre concorrentes devem ser analisados à luz dos princípios fundadores da Lei nº 8.884/94 — liberdade de iniciativa, livre concorrência, função social da propriedade, defesa dos consumidores e repressão do abuso do poder econômico —, bem como dos princípios constitucionais da proporcionalidade e da razoabilidade.

Da possibilidade de imposição de medida preventiva

Quando, no curso de uma investigação de conduta possivelmente anticoncorrencial, houver fundado receio de que o

---

[114] Salomão Filho, 2003:266-267.

representado, direta ou indiretamente, possa causar lesão irreparável ou de difícil reparação, ou tornar ineficaz o resultado final do processo, o art. 52 da Lei nº 8.884/94 confere ao secretário da SDE ou ao conselheiro-relator, por iniciativa própria ou provocação da Procuradoria Geral do Cade, competência para adotar medida preventiva, visando à cessação imediata da prática sob investigação.[115]

Na medida preventiva, o secretário da SDE ou o conselheiro-relator determinará a imediata cessação da prática e ordenará, quando materialmente possível, a reversão à situação anterior, fixando multa diária para o caso de descumprimento.

O compromisso de cessação de prática

Dispõe o art. 53 da Lei nº 8.884/94 que poderá ser celebrado, pelo Cade ou pela SDE *ad referendum* do Cade, termo de compromisso de cessação de prática (TCC) sob investigação, o qual não importará em confissão quanto à matéria de fato, nem em reconhecimento de ilicitude da conduta analisada.

Sobre o instituto do compromisso de cessação de prática, expõe Fonseca (2001:250-253):

> A criação legal do "compromisso de cessação" deixa no âmbito da incerteza a infringência contra a ordem econômica. Este compromisso se insere no instituto jurídico da transação (...). As características da transação se evidenciam como um acordo, que se manifesta com o propósito de extinguir um litígio, em que existe uma reciprocidade de concessões e em que permanece inequívoca a incerteza quanto ao direito das partes.

---

[115] A imposição de medida preventiva pelo secretário da SDE encontra-se disciplinada nos arts. 37 e segs. da Portaria nº 849/2000.

Na verdade, diferentemente do acordo no âmbito civil, aqui ocorre um acordo entre a autoridade encarregada de investigar e o representado cuja atividade econômica se analisa. Com esse acordo se extingue ou se paralisa a investigação, havendo reciprocidade de concessões: a autoridade não investiga mais e o representado paralisa a prática de atos que geraram suspeitas de infração contra a ordem econômica. O elemento da incerteza, de dúvida, está presente porque nem a autoridade nem o representado têm segurança sobre o desfecho da investigação, que poderia confirmar a existência da infração, mas poderia também afastar essa hipótese.

Com a assinatura do TCC, suspende-se o processo administrativo. Sendo cumprido fielmente, o TCC será arquivado no seu termo final.

O compromisso de cessação de prática pode ser revisto a qualquer tempo, mediante decisão fundamentada do Cade. O acompanhamento do cumprimento de suas disposições é realizado pela Comissão de Acompanhamento das Decisões do Cade (CAD/Cade).

Recentemente, com a alteração da redação do art. 53 da Lei nº 8.884/94 promovida pela Lei nº 11.482/07, permite-se a celebração de compromisso de cessação de prática também no caso de investigações envolvendo cartéis; porém, nessas hipóteses, deverá necessariamente ser realizado um depósito ao Fundo de Defesa dos Direitos Difusos como condição para a celebração do acordo (art. 53, §2º).[116] Como a modificação da lei é recente, parece oportuna a transcrição do dispositivo:

> Art. 53. Em qualquer das espécies de processo administrativo, o Cade poderá tomar do representado compromisso de cessa-

---

[116] Para uma análise do instituto do compromisso de cessação de prática, ver Rodrigues (2005).

ção da prática sob investigação ou dos seus efeitos lesivos, sempre que, em juízo de conveniência e oportunidade, entender que atende aos interesses protegidos por lei.

§1º Do termo de compromisso deverão constar os seguintes elementos:

I — a especificação das obrigações do representado para fazer cessar a prática investigada ou seus efeitos lesivos, bem como obrigações que julgar cabíveis;

II — a fixação do valor da multa para o caso de descumprimento, total ou parcial, das obrigações compromissadas;

III — a fixação do valor da contribuição pecuniária ao Fundo de Defesa de Direitos Difusos, quando cabível.

§2º Tratando-se da investigação da prática de infração relacionada ou decorrente das condutas previstas nos incisos I, II, III ou VIII do *caput* do art. 21 desta Lei, entre as obrigações a que se refere o inciso I do §1º deste artigo figurará, necessariamente, a obrigação de recolher ao Fundo de Defesa de Direitos Difusos um valor pecuniário que não poderá ser inferior ao mínimo previsto no art. 23 desta Lei.

§3º A celebração do termo de compromisso poderá ser proposta até o início da sessão de julgamento do processo administrativo relativo à prática investigada.

§4º O termo de compromisso constitui título exclusivo extrajudicial.

§5º O processo administrativo ficará suspenso enquanto estiver sendo cumprido o compromisso e será arquivado ao término do prazo fixado, se atendidas todas as condições estabelecidas no termo.

§6º A suspensão do processo administrativo a que se refere o §5º deste artigo dar-se-á somente em relação ao representado que firmou o compromisso, seguindo o processo seu curso regular para os demais representados.

§7º Declarado o descumprimento do compromisso, o Cade aplicará as sanções nele previstas e determinará o prosseguimento do processo administrativo e as demais medidas administrativas e judiciais cabíveis para sua execução.

§8º As condições do termo de compromisso poderão ser alteradas pelo Cade se comprovar sua excessiva onerosidade para o representado, desde que a alteração não acarrete prejuízo para terceiros ou para a coletividade.

§9º O Cade definirá, em resolução, normas complementares sobre cabimento, tempo e modo da celebração do termo de compromisso de cessação.

Os procedimentos para assinatura de TCCs no âmbito do Cade encontram-se previstos nos arts. 129 e segs. da Resolução Cade nº 45/07; no âmbito da SDE estão previstos no art. 18 da Portaria MJ nº 04/2006.

Sanções por infrações da Lei nº 8.884/94

Os acordos entre concorrentes, quando tiverem por objeto ou conseqüência a produção dos efeitos elencados no art. 20 da Lei nº 8.884/94, ensejarão as penalidades estatuídas no art. 23 da Lei nº 8.884/94, quais sejam:

- no caso de *empresa*, multa de 1% a 30% do faturamento bruto do seu último exercício, excluídos os impostos, a qual nunca será inferior à vantagem auferida, quando quantificável;
- no caso de *administrador*, direta ou indiretamente responsável pela infração cometida por empresa, multa entre 10% e 50% do valor daquela aplicável à empresa, de responsabilidade pessoal e exclusiva do administrador;
- no caso das demais pessoas físicas ou jurídicas de direito público ou privado, bem como das associações ou entidades

constituídas de fato ou de direito, com ou sem personalidade jurídica, não sendo possível utilizar-se o critério do faturamento bruto, a multa será de 6 mil a 6 milhões de Ufirs (aplicada em dobro, em caso de reincidência).

Adicionalmente, o Cade poderá aplicar as penalidades previstas no art. 24 da Lei nº 8.884/94, entre as quais se incluem:

- publicação, em meia página e às expensas do infrator, em jornal, de extrato da decisão condenatória, por dois dias seguidos, de uma a três semanas consecutivas;
- proibição de contratar com instituição financeira oficial e de participar de licitação com o poder público federal, estadual, do Distrito Federal e municipal, bem como entidades da administração indireta, por até cinco anos;
- inscrição do infrator no Cadastro Nacional de Defesa do Consumidor;
- recomendação aos órgãos públicos competentes para que a) seja concedida licença compulsória de patentes de titularidade do infrator; e b) não seja concedido ao infrator parcelamento de tributos federais por ele devidos ou para que sejam cancelados, no todo ou em parte, incentivos fiscais ou subsídios públicos;
- cisão de sociedade, transferência de controle societário, venda de ativos, cessação parcial de atividade, ou qualquer outro ato ou providência necessários para a eliminação dos efeitos nocivos à ordem econômica.

Questões de automonitoramento

1. Como se caracteriza um ilícito anticoncorrencial no direito brasileiro?
2. Qual o procedimento para se aferir se uma prática constitui infração do direito da concorrência?

3. Quais os acordos entre concorrentes que se submetem à regra *per se* no direito norte-americano?
4. Quais as principais características de mercado que facilitam a formação de um cartel?
5. Quando um acordo entre concorrentes poderá ser considerado legítimo?
6. Quando a SDE ou o Cade poderão impor medida preventiva determinando a imediata cessação de prática sob investigação?
7. Quais os pressupostos e os efeitos da celebração de um compromisso de cessação de prática?

Conclusão

O direito constitui-se num dos elementos de transformação modernizadora das sociedades tradicionais, principalmente nos países em desenvolvimento. É crescente a aproximação entre o direito e as ciências econômicas.

Evidencia-se, a cada dia, que o sistema judicial não pode ser insensível ao que ocorre no sistema econômico e que o direito tem papel relevante na organização da atividade econômica.

A ciência econômica passou a entender, por exemplo, que os contratos têm função fundamental para a estabilidade da economia pelo fato de servirem como base de sustentação da maioria das transações realizadas no mercado.

Da mesma forma acentua-se a importância do novo papel do Estado como ente regulador da atividade econômica. Direito e economia, portanto, estão ligados umbilicalmente, principalmente após as reformas liberalizantes da década de 1990.

O estabelecimento de um sistema legal que funcione adequadamente, que garanta os direitos de propriedade, promova a defesa da concorrência e viabilize bons níveis de investimento é condição essencial para um bom nível de crescimento econômico.

Referências bibliográficas

AREEDA, Philip; KAPLOW, Louis. *Antitrust analysis:* problems, texts, cases. Boston: Little Brown, 1988.

BAKER, J. Contemporary empirical merger analysis. *George Mason Law Review*, v. 5, p. 347 e segs., 1997.

_____; RUBINFELD, D. Empirical methods in antitrust litigation: review and critique. *American Law and Economics Review*, v. 1, n. 1, p. 387 e segs.,1999.

BARROSO, Luís Roberto. A ordem constitucional e os limites à atuação estatal no controle de preços. *Revista de Direito Administrativo*, Rio de Janeiro: Renovar/FGV, p. 187 e segs., dez. 2001.

BORK, Robert. *The antitrust paradox:* a law at war with itself. New York: The Free Press, 1993.

BREYER, Stephen. *Regulation and its reform*. London: Harvard University Press, 1982.

BRUNA, Sérgio Varella. *O poder econômico e a conceituação do abuso em seu exercício*. São Paulo: RT, 2001.

CARVALHO, Nuno. *As concentrações de empresas no direito antitruste*. São Paulo: Resenha Tributária, 1995.

FAGUNDES, Jorge. *Fundamentos econômicos das políticas de defesa da concorrência*: eficiência econômica e distribuição de renda em análises antitruste. São Paulo: Singular, 2003.

FISHER, A.; JOHNSON, F.; LANDE, R. Price effects of horizontal mergers. *California Law Review*, v. 77, 1989.

_____; LANDE, R. Efficiency considerations in merger enforcement. *California Law Review*, v. 71, 1983.

FONSECA, João Bosco Leopoldino da. *Lei de proteção da concorrência*: comentários à legislação antitruste. 2. ed. Rio de Janeiro: Forense, 2001.

FORGIONI, Paula. *Os fundamentos do antitruste*. São Paulo: RT, 1998.

FTC e DOJ. *Guidelines for collaboration among competitors*. 2000. Disponível em: <www.ftc.gov/os/2000/04/ftcdojguidelines.pdf>. Acesso em: 20 mar. 2006.

GRAU, Eros Roberto; FORGIONI, Paula. Compromisso de cessação e compromisso de desempenho na lei antitruste brasileira. In: *O Estado, a empresa e o contrato*. São Paulo: Malheiros, 2005.

HARRIS, Donald; VELJANOVSKI, Cento. The use of economics to elucidate legal concepts: the law of contract. In: DAINTITH, Terence; TEUBNER, Gunter. *Contract and organisation* — legal analysis in the light of economic and social theory. Berlin: Walter de Gruyter, 1986.

HOVENKAMP, Herbert. *Federal antitrust policy*: the law of competition and its practice. St. Paul: West Group, 1999.

MATTOS, Cesar (Org.). *A revolução do antitruste no Brasil*. Rio de Janeiro: Singular, 2003.

MONTORO FILHO, André Franco et al. *Manual de economia*. 3. ed. São Paulo: Saraiva, 2001.

NUSDEO, Ana Maria. Agências reguladoras e concorrência. In: SUNDFELD, Carlos Ari (Org.). *Direito administrativo econômico*. São Paulo: Malheiros, 2000.

_____. *Defesa da concorrência e globalização econômica*: o controle da concentração de empresas. São Paulo: Malheiros, 2002.

NUSDEO, Fábio. *Curso de economia:* introdução ao direito econômico. São Paulo: RT, 2000.

OCDE (Organização para Cooperação e Desenvolvimento Econômico). *A política de concorrência e a reforma regulatória no Brasil:* um relatório de acompanhamento. Disponível em: <www.fazenda.gov.br/seae/arquivos/txtbrazilreportocde-portugues.pdf>.

OLIVEIRA, Gesner. *Concorrência:* panorama no Brasil e no mundo. São Paulo: Saraiva, 2001.

_____; RODAS, João Grandino. *Direito e economia da concorrência*. Rio de Janeiro: Renovar, 2004.

O PODER silencioso da desconhecida econometria. *Valor Econômico*, 11 jul. 2005.

POSNER, Richard A. *Antitrust law:* an economic perspective. Chicago: Chicago University Press, 1976.

POSSAS, Mario (Org.) *Ensaios sobre economia e direito da concorrência*. São Paulo: Singular, 2002.

ROCHA, Bolívar Moura. Articulação entre regulação de infra-estrutura e defesa da concorrência. *Revista do Instituto Brasileiro das Relações de Concorrência e Consumo — Ibrac*, v. 5, n. 7, p. 47-58, 1988.

RODRIGUES, Geisa de Assis. Breves considerações sobre o compromisso de cessação de prática. In: ROCHA, João Carlos de Carvalho et al. (Orgs.). *Lei antitruste*: 10 anos de combate ao abuso do poder econômico. Belo Horizonte: Del Rey, 2005.

SALGADO, Lucia Helena. *A economia política da ação antitruste*. São Paulo: Singular, 1997.

SALOMÃO FILHO, Calixto. *Regulação da atividade econômica*. São Paulo: Malheiros, 2001.

_____. *Direito concorrencial:* as estruturas. 2. ed. São Paulo: Malheiros, 2002.

_____. *Direito concorrencial:* as condutas. São Paulo: Malheiros, 2003.

SCHEFFMAN, D.; COLEMAN, M. *FTC perspectives on the use of econometric analyses in antitrust cases*. 2005. Disponível em: <www.ftc.gov/be/ftcperspectivesoneconometrics.pdf>. Acesso em: set. 2005.

SCHUARTZ, Luís Fernando. Ilícito antitruste e acordos entre concorrentes. In: POSSAS, Mario (Org.) *Ensaios sobre economia e direito da concorrência*. São Paulo: Singular, 2002.

SOUTO, Marcos Juruena Villela. *Direito administrativo da economia*. Rio de Janeiro: Lumen Juris, 2003.

STIGLITZ, Joseph; WALSH, Carl. *Introdução à microeconomia*. Rio de Janeiro: Campus, 2003.

U.S. DEPARTMENT OF JUSTICE AND FEDERAL TRADE COMMISSION. *Horizontal merger guidelines*. 1997. Disponível em: <www.usdoj.gov/atr/public/guidelines/horiz_book/toc.html>.

_____. *Guidelines for collaboration among competitors*. Apr. 2000. Disponível em: <www.ftc.gov/os/2000/04/ftcdojguidelines.pdf>. Acesso em: 20 mar. 2006.

WERDEN, Gregory J. The price increase predictions are at best rough estimates, but rough estimates are better than no estimates. *The antitrust source*, May 2004.

_____; FROEB, L. M.; SCHEFFMAN, D. T. *A Daubert discipline for merger simulation*. 2005. Disponível em: <www.ftc.gov/be/daubertdiscipline.pdf>. Acesso em: set. 2005.

WHISH, Richard. *Competition law*. 4. ed. London: Butterworths, 2001.

WILLIAMSON, Oliver E. Economies as an antitrust defense: the welfare tradeoffs. *American Economic Review*, v. 58, p. 18-35, Mar. 1968.

Colaboradores

Luiz Fernando Schuartz

Mestre e doutor em direito pela Johann Wolfgang Goethe Universität (Frankfurt am Main) e professor titular da graduação e pós-graduação da FGV Direito Rio. Líder da área de Direito Econômico do Escritório Barbosa, Müssnich & Aragão Advogados.

Patrícia Sampaio

Advogada, mestre em direito pela Universidade de São Paulo e coordenadora do MBA online em gestão e *business law* da Fundação Getulio Vargas. Pesquisadora e professora dos cursos de pós-graduação da FGV Direito Rio.

Bárbara Rosenberg

Mestre em direito pela Universidade da Califórnia (Berkeley) e doutora em direito econômico-financeiro pela

Universidade de São Paulo. Professora da FGV Direito Rio e da Direito GV. Sócia da equipe de Direito Econômico no Escritório Barbosa, Müssnich & Aragão Advogados. De 2003 a 2005 foi diretora do Departamento de Proteção e Defesa Econômica da Secretaria de Direito Econômico do Ministério da Justiça.

Jorge Luiz Sarabanda da Silva Fagundes

Graduado em engenharia de produção pela Universidade Federal do Rio de Janeiro. Formado em ciências econômicas pela Universidade Candido Mendes. Mestre e doutor em ciências econômicas pelo Instituto de Economia da UFRJ.

José Carlos da Matta Berardo

Graduado em direito pela Universidade de São Paulo e pós-graduado em sociologia pela Fundação Escola de Sociologia e Política de São Paulo. Pesquisador do Programa de Educação Continuada da FGV Direito Rio. Advogado da equipe de Direito da Concorrência no Escritório Barbosa, Müssnich & Aragão Advogados. Autor de artigos sobre defesa da concorrência publicados em revistas especializadas.

Este livro foi impresso nas oficinas gráficas da Editora Vozes Ltda.,
Rua Frei Luís, 100 – Petrópolis, RJ,
com papel fornecido pelo editor.